U0503304

海上絲綢之路基本文獻叢書

西域南海史地考證譯叢續編

馮承鈞 譯

文物出版社

圖書在版編目（CIP）數據

西域南海史地考證譯叢續編 / 馮承鈞譯. -- 北京 : 文物出版社, 2022.7
（海上絲綢之路基本文獻叢書）
ISBN 978-7-5010-7638-3

Ⅰ. ①西… Ⅱ. ①馮… Ⅲ. ①西域－歷史地理－研究 Ⅳ. ①K928.62

中國版本圖書館 CIP 數據核字 (2022) 第 097826 號

海上絲綢之路基本文獻叢書
西域南海史地考證譯叢續編

譯　　者：馮承鈞
策　　劃：盛世博閱（北京）文化有限責任公司

封面設計：鞏榮彪
責任編輯：劉永海
責任印製：王　芳

出版發行：文物出版社
社　　址：北京市東城區東直門内北小街 2 號樓
郵　　編：100007
網　　址：http://www.wenwu.com
經　　銷：新華書店
印　　刷：北京旺都印務有限公司
開　　本：787mm×1092mm　1/16
印　　張：12.5
版　　次：2022 年 7 月第 1 版
印　　次：2022 年 7 月第 1 次印刷
書　　號：ISBN 978-7-5010-7638-3
定　　價：90.00 圓

本書版權獨家所有，非經授權，不得複製翻印

總緒

海上絲綢之路，一般意義上是指從秦漢至鴉片戰争前中國與世界進行政治、經濟、文化交流的海上通道，主要分爲經由黄海、東海的海路最終抵達日本列島及朝鮮半島的東海航綫和以徐聞、合浦、廣州、泉州爲起點通往東南亞及印度洋地區的南海航綫。

在中國古代文獻中，最早、最詳細記載『海上絲綢之路』航綫的是東漢班固的《漢書·地理志》，詳細記載了西漢黄門譯長率領應募者入海『齎黄金雜繒而往』之事，書中所出現的地理記載與東南亞地區相關，并與實際的地理狀况基本相符。

東漢後，中國進入魏晋南北朝長達三百多年的分裂割據時期，絲路上的交往也走向低谷。這一時期的絲路交往，以法顯的西行最爲著名。法顯作爲從陸路西行到印度，再由海路回國的第一人，根據親身經歷所寫的《佛國記》（又稱《法顯傳》）一書，詳細介紹了古代中亞和印度、巴基斯坦、斯里蘭卡等地的歷史及風土人情，是瞭解和研究海陸絲綢之路的珍貴歷史資料。

隨着隋唐的統一，中國經濟重心的南移，中國與西方交通以海路爲主，海上絲綢之路進入大發展時期。廣州成爲唐朝最大的海外貿易中心，朝廷設立市舶司，專門管理海外貿易。唐代著名的地理學家賈耽（七三〇～八〇五年）的《皇華四達記》記載了從廣州通往阿拉伯地區的海上交通『廣州通夷道』，詳述了從廣州港出發，經越南、馬來半島、蘇門答臘半島至印度、錫蘭，直至波斯灣沿岸各國的航綫及沿途地區的方位、名稱、島礁、山川、民俗等。譯經大師義净西行求法，將沿途見聞寫成著作《大唐西域求法高僧傳》，詳細記載了海上絲綢之路的發展變化，是我們瞭解絲綢之路不可多得的第一手資料。

宋代的造船技術和航海技術顯著提高，指南針廣泛應用於航海，中國商船的遠航能力大大提升。北宋徐兢的《宣和奉使高麗圖經》詳細記述了船舶製造、海洋地理和往來航綫，是研究宋代海外交通史、中朝友好關係史、中朝經濟文化交流史的重要文獻。南宋趙汝適《諸蕃志》記載，南海有五十三個國家和地區與南宋通商貿易，形成了通往日本、高麗、東南亞、印度、波斯、阿拉伯等地的『海上絲綢之路』。宋代爲了加强商貿往來，於北宋神宗元豐三年（一〇八〇年）頒佈了中國歷史上第一部海洋貿易管理條例《廣州市舶條法》，并稱爲宋代貿易管理的制度範本。

元朝在經濟上採用重商主義政策，鼓勵海外貿易，中國與歐洲的聯繫與交往非常頻繁，其中馬可·波羅、伊本·白圖泰等歐洲旅行家來到中國，留下了大量的旅行記，記録元代海上絲綢之路的盛况。元代的汪大淵兩次出海，撰寫出《島夷志略》一書，記録了二百多個國名和地名，其中不少首次見於中國著録，涉及的地理範圍東至菲律賓群島，西至非洲。這些都反映了元朝時中西經濟文化交流的豐富内容。

明、清政府先後多次實施海禁政策，海上絲綢之路的貿易逐漸衰落。但是從明永樂三年至明宣德八年的二十八年裏，鄭和率船隊七下西洋，先後到達的國家多達三十多個，在進行經貿交流的同時，也極大地促進了中外文化的交流，這些都詳見於《西洋蕃國志》《星槎勝覽》《瀛涯勝覽》等典籍中。

關於海上絲綢之路的文獻記述，除上述官員、學者、求法或傳教高僧以及旅行者的著作外，自《漢書》之後，歷代正史大都列有《地理志》《四夷傳》《西域傳》《外國傳》《蠻夷傳》《屬國傳》等篇章，加上唐宋以來衆多的典制類文獻、地方史志文獻，集中反映了歷代王朝對於周邊部族、政權以及西方世界的認識，都是關於海上絲綢之路的原始史料性文獻。

海上絲綢之路概念的形成，經歷了一個演變的過程。十九世紀七十年代德國地理學家費迪南·馮·李希霍芬（Ferdinad Von Richthofen，一八三三～一九〇五），在其《中國：親身旅行和研究成果》第三卷中首次把輸出中國絲綢的東西陸路稱爲『絲綢之路』。有『歐洲漢學泰斗』之稱的法國漢學家沙畹（Édouard Chavannes，一八六五～一九一八），在其一九〇三年著作的《西突厥史料》中提出『絲路有海陸兩道』，蘊涵了海上絲綢之路最初提法。迄今發現最早正式提出『海上絲綢之路』一詞的是日本考古學家三杉隆敏，他在一九六七年出版《中國瓷器之旅：探索海上的絲綢之路》中首次使用『海上絲綢之路』一詞；一九七九年三杉隆敏又出版了《海上絲綢之路》一書，其立意和出發點局限在東西方之間的陶瓷貿易與交流史。

二十世紀八十年代以來，在海外交通史研究中，『海上絲綢之路』一詞逐漸成爲中外學術界廣泛接受的概念。根據姚楠等人研究，饒宗頤先生是華人中最早提出『海上絲綢之路』的人，他的《海道之絲路與昆侖舶》正式提出『海上絲路』的稱謂。選堂先生評價海上絲綢之路是外交、貿易和文化交流作用的通道。此後，大陸學者馮蔚然在一九七八年編寫的《航運史話》中，使用『海上絲綢之路』一詞，這是迄今學界查到的中國大陸最早使用『海上絲綢之路』的人，更多地限於航海活動領域的考察。一九八〇年北京大學陳炎教授提出『海上絲綢之路』研究，并於一九八一年發表《略論海上絲綢之路》一文。他對海上絲綢之路的理解超越以往，且帶有濃厚的愛國主義思想。陳炎教授之後，從事研究海上絲綢之路的學者越來越多，尤其沿海港口城市向聯合國申請海上絲綢之路非物質文化遺産活動，將海上絲綢之路研究推向新高潮。另外，國家把建設『絲綢之路經濟帶』和『二十一世紀海上絲綢之路』作爲對外發展方針，將這一學術課題提升爲國家願景的高度，使海上絲綢之路形成超越學術進入政經層面的熱潮。

與海上絲綢之路學的萬千氣象相對應，海上絲綢之路文獻的整理工作仍顯滯後，遠遠跟不上突飛猛進的研究進展。二〇一八年厦門大學、中山大學等單位聯合發起『海上絲綢之路文獻集成』專案，尚在醖釀當中。我們不揣淺陋，深入調查，廣泛搜集，將有關海上絲綢之路的原始史料文獻和研究文獻，分爲風俗物産、雜史筆記、海防海事、典章檔案等六個類别，彙編成《海上絲綢之路歷史文化叢書》，於二〇二〇年影印出版。此輯面市以來，深受各大圖書館及相關研究者好評。爲讓更多的讀者親近古籍文獻，我們遴選出前編中的菁華，彙編成《海上絲綢之路基本文獻叢書》，以單行本影印出版，以饗讀者，以期爲讀者展現出一幅幅中外經濟文化交流的精美畫卷，爲海上絲綢之路的研究提供歷史借鑒，爲『二十一世紀海上絲綢之路』倡議構想的實踐做好歷史的詮釋和注脚，從而達到『以史爲鑒』『古爲今用』的目的。

凡例

一、本編注重史料的珍稀性，從《海上絲綢之路歷史文化叢書》中遴選出菁華，擬出版百册單行本。

二、本編所選之文獻，其編纂的年代下限至一九四九年。

三、本編排序無嚴格定式，所選之文獻篇幅以二百餘頁爲宜，以便讀者閱讀使用。

四、本編所選文獻，每種前皆注明版本、著者。

五、本編文獻皆爲影印，原始文本掃描之後經過修復處理，仍存原式，少數文獻由於原始底本欠佳，略有模糊之處，不影響閱讀使用。

六、本編原始底本非一時一地之出版物，原書裝幀、開本多有不同，本書彙編之後，統一爲十六開右翻本。

目録

西域南海史地考證譯叢續編

西域南海史地考證譯叢續編

馮承鈞 譯

民國商務印書館排印本

馮承鈞譯

西域南海史地考證譯叢續編

商務印書館發行

馮承鈞譯

西域南海史地考證譯叢續編

中華教育文化基金董事會編譯委員會編輯
商務印書館發行

目錄

右研究十三篇見於通報者三篇見於亞洲報者七篇見於遠東法國學校校刊者三篇其中七篇撰人伯希和四篇撰人費瑯一篇撰人戈岱司一篇撰人鄂盧梭

民國二十二年二月一日馮承鈞識

西域南海史地考證譯叢續編

庫蠻

亞洲報一九二〇年刊上冊一二五至一八五頁伯希和撰

德國班額（Bang）同馬迦特（J. Marquart）合撰有一部「東突厥方言研究」、這部書在一九一〇年脫稿、遲到一九一四年才印行、到了戰後、伯希和（Pelliot）方見此書、便在一九二〇年的亞洲報裏面作了這篇報告帶批評、這部書分爲三部份、其中兩小部份是班額所撰、一大部份是馬迦特所撰、我的譯文僅限於與漢學有關係的考證、所以將關於班額的部份省略、伯希和原文的標題是 A propos des Comans、這箇 Comans 牽涉到的種族很多、我不能拿一箇種名包括、所以僅譯其音、名曰庫蠻、讀者切不可在中國載籍裏面去尋這箇新名的出處、這是我要聲明的一件事、本文裏面用了幾箇希臘字母、我從前因爲印刷困難、曾將這一類的字改作羅馬字、於每字後面加了一箇h以示區別、現在也仿先例、比方dh, th, gh, kh, bh, 等字後面的h、皆我所加、這是我要聲明的第二事、此文內固有名詞很多、不但中國譯名不一、就是外國寫法也有殊異、所以我皆仍原名、有漢譯的則附錄於下、然祗以一名比對一名、不對他名、比方庫蠻祗對Comans、不對Cuni、吉利吉思祗對Kirghiz、不對堅昆黠戛斯等名、這是我要聲明的第三事、伯希和對於馬迦特的著作曾說過、盡他所知去批評、我對於伯希和這篇研究、也祗好說盡我所知去翻譯、譯者附識。

本書的大部份、（自二五至二三八頁）是馬迦特君題曰 Ueber das Volkstum der Komanen 的一篇大作、馬迦特君的著作、向來是很難節錄的、沒有一處無關係、他在一切語言中的調查非常廣袤、假定時常太遠、有些不能不在中途放棄、偶亦有時放射一種眞正占卜的光明、可是馬迦特著作中的次序、僅在馬迦特本人百科全書的腦經裏面存在、讀者從枝節轉到枝節、勢須在兩千年的歷史中週遊世界、前幾年馬迦特在 Bénin 的一部古器物著作裏面、曾建議將 Ktesias 關於印度的殘文改正、現在這篇庫讋起源考、有他的優點、亦有他的缺點、讀者對於他的結論、固然時常躊躇難決，可是不能不佩服他的學識鴻博。

馬迦特在這部研究裏面工作極感困難、他自己也知道、可是他不能負何種責任、尤其是在討論關於蒙古時代史料的地方、此書印刷時、他才接到一本 Barthold 所撰的「蒙古侵入時代之土耳其斯坦、」Mirza Muḥammad 的 Juwainī 刊本第一册、接到的時候、僅僅夠他在一箇附註裏面著錄之用，而且他又不能覓得俄國考古學會東方部 Trudy 叢刊第十五册、Berezin 所譯 Rachīd ed-Dīn 蒙古史關於成吉思汗的部份、關於回教徒著作方面的情形如此、至若在中國著作方面、馬迦特大概僅限於 De Guignes, Rémusat, Schot 等幾箇人的舊作、Bretschneider 的「中世紀的尋究」與同 De Groot 所供給的幾種常不正確的譯文、至若要緊的著作、他皆沒有比方北京俄國傳道會 Trudy 叢刊第四册 Palladius 所譯註的元朝祕史、同一人在一八七七年 Vostočnyi sbornik 中刊行的皇元聖武親征錄譯文、還有 Vasil'ev 譯文不佳的蒙韃備錄、Popov 在俄國地理學會

Zupiski 叢刊第二十四册刊行譯文亦不佳的蒙古遊牧記、如果見着、可以得到若干有益的指示、可惜他皆未見時在今日要研究蒙古時代一種問題、尤不能不考證元史所本的來源、元史成書不到一年、倉卒可知、可是他所採的不少來源、我們還可直接參考、我們在別的境況中、還有些同時同類的史料、比方元史所載畏吾兒（迴紇）發源的故事、我們現在虞集所撰的「高昌王世勳之碑」裏面、可見相類的記述、又如 De Groot 根據土土哈傳所譯的 Qïpčap（Kiptchak）（乞卜察兀）的事績、我們也可以將虞集所撰的「句容郡王世績碑」拿來檢對校正、註一中國人同日本人業經爲我們預備了一部份工作、最近幾年有人、將黑韃事略同他的一二三七年的註子印了兩版、黑韃事略以後、關係蒙古人的最古著作、要算蒙韃備錄了、那珂教授的佳作、成吉思汗實錄、（一九〇七年）是用元朝秘史兩種譯本作根據的、Palladius 所譯的元朝秘史漢譯本外、還有一部用漢字音譯而更較完備的蒙文原本、我曾經根據一九〇八年的湖南刊本、同我在中國獲得的一部舊鈔本、將這部音譯的元朝秘史、完全轉爲蒙古文、我希望不久將這部工作刊布、中國近代考證諸家、曾對蒙古時代作了許多重要尋究、錢大昕的著作、時常使人得到收穫、是不用說的、其餘應該著錄的、還有魏源（一七九四至一八五六）改訂元史的元史新編、此書原是寫本、後在一九〇五年付印了、汪輝祖（一七三〇至一八〇七）的兩部著作、元史本證、同遼金元三史同姓名錄、現在已有重刊本可以參考、中國駐俄公使洪鈞、在十九世紀末年、曾根據中國同西方的史料、撰了一部元史譯文證補、此書已有三版了、此外近幾年內、又有兩部大蒙古史出現、這就是屠寄的蒙兀兒史記、同柯劭忞的新元史、這兩部書雖然錯誤很多、可是有關係的材料不少、馬迦特的尋究既然將我們領到滿洲、就應該參考關於滿洲同東蒙古的兩大彙集、一部是東京大學出版的滿鮮地理歷史研究報告、（一九一八年時已出四册）一部是南滿鐵道會社委託白鳥教授主刊的彙集、現在已用德文刊行兩册題曰滿洲歷史地理上之貢獻、並附有一册歷史地圖、前一彙集諸考裏面、有關於勿吉靺鞨、室韋、可敦城的專考、這皆是馬迦特在他的研究裏面所涉及的問題。

註一　此二碑並見虞集的道園學古錄、（鈞案高昌王碑見卷二十一、句容王碑見卷二十、）同元文類在一篇篇幅有限的研究裏面、當然不能將這些來源全取來、審查引起馬迦特注意的數目太多而複雜無限的一切問題、我祇能盡我所知將原著者所得的成績指出、並提出我視爲必要的評論。

根據九四八年記述的 Constantin Porphyrogénète 之說、九世紀末年時、有 Petchénègues 人、住在 Volga 水同 Oural 山之間、這種人西有 Khazars（可薩）、東有 Ouz (Ghuz, Oghuz) 馬迦特以爲此種人是西突厥的舊部、被 Qarluq（葛邏祿）追逐到 Yaxarte（藥殺水）下流同 Aral 海（鹹海）一帶的、到了十一世紀中葉、更往西族、在這箇時候、Petchénègues 已在 Dniéper 以西、到了一○七八年、這部種族同 Ouz 聯合、東羅馬的著作家始初名之曰 Komanoi 人、至若 Ouz 的名稱逐漸消滅、僅在書籍留有他們的痕跡、到了十二世紀、Edrisi 曾說有 Qomān 人同他們的 Qomāniya 國、十二世紀末年、編年史家 Michel le Syrien 也著錄有 Qoman 人、到了十三世紀、這些庫蠻受蒙古人的侵略、有一部份曾退避到了匈牙利、匈牙利的拉丁編年史名之曰 Guni、這就是匈牙利語名稱庫蠻一名多數 Kún-ok 的對稱、在 Plan-Carpin 同 Rubrouck 看起來、庫蠻地方所包括的就是黑海、高加索、裏海以北的大平原。

庫蠻不是 Petchénègues 人、也不是 Ouz 人、可是一種新來驅逐或制伏從前侵略者的亞洲游牧部落、俄國編年史雖然也知道有 Koumani 的名稱、可是大致稱這些新來的人曰 Polovcy 馬迦特採用 Kunik 之說、以爲這箇 Polovcy 名稱的語源、不是本於「田野的」「平原的」一字而來、乃是本於「茶褐色的」「灰褐色的」一字而來的、馬迦特並且以爲德語庫蠻人名稱 Valwen、是出於 falben（淡色的）一字、又如 Guillaume de Rubrouck 註二的 Valani 人、Otto de Freising 的 Falones 人、Guillaume de Viterbo 的 Phalagi 人、Adam de Brême 註三用拉丁語名稱的 Pallidi & Macrobii virides、來源皆同、這種解釋、我覺得不壞、註四可是關於庫蠻人的體貌方面、連帶有一定關係、這些「淡色面孔」的人、應該與突厥蒙古侵略者之其他部落有別、應該繫於若干史文所載紀元初年中亞同東亞那些皙面赤鬚青眼的種族。

註二　Rockhill 在他所撰這位修士的行紀九十三頁裏面、提到這箇名稱、並未加以解釋。

註三　可是應該注意的、Adam de Brême 歿年是一〇七六年、他將這箇名稱適用於 Husi 實言之、至少在理論上適用於 Ouz 人、如此看來、他所「翻譯」適應 Polovcy 的德語名稱、幾與此 Polovcy 名稱初見於俄國編年史的時間同時、因爲俄國編年史最初著錄此名的時候是一五五年。

註四　馬迦特（五四至五五頁）又引證有亞美利亞（Arménie）人 Mathieu de Urha 的一段記載、說一〇五〇至一〇五一年間、「蛇種民族」攻擊「淡色」（Falben）民族、而淡色民族又轉而攻擊 Ouz 同 Petchénègues 民族。

這部書說到這裏、地盤還算堅固、可是以後就有點滑脚了、Al-Bīrūnī（歿於一〇四八）在他一〇四〇年所撰的 Kaunūnal-Masūdī 裏面、著錄有 Qūn 人同 Qayī人、根據此書列舉的次序、這兩種人所處的地方、在 Kirghiz（吉利吉思）同 Toghuzghuz（九姓）的東邊、Muhammad-i Aufī 的逸事集（十三世紀）說到突厥人（Turcs）曾著錄 Ghuz(Oghuz) 或 Uighur（迴紇）諸大部落、他又說「世人稱爲 Qūn 人的 Marqa（或 Murqa）人、屬於這些部落（質言之突厥、）他們來去 Qytā 國、因爲牧地不夠、才棄而他適…… Khwarīzm-Šāh（花剌子模王）Ikinji ben Qučqār 註五 就是他們部落中的一人、後來他們被一箇人數較多兵器較強的 Qayī 遊牧部落所襲、被逐出他們的牧地以外、他們(Qūn)便遷徙到 Sārī 地方、而本地方的人因之也遷徙到 Turkmān 地方、Ghuz 人曾遷徙到亞美利亞海（裏海）邊附近 Petchénègues 人的地方、」 Muḥammad-i Aufī接着又說有 Khirkhīz（Kirghiz 吉利吉思）人、在 Kīmak 人的北邊、同 Yaghmā（樣磨）註六 人與 Kharlukh（Qarluq 葛邏祿）人的西邊。

註五 這箇人名原有脫訛、馬迦特曾將他改正、其人是在一〇九六年被殺的。

註六 樣磨一名、並見王延德行紀著錄、日王連(S. Julien)在亞洲地理雜纂九七頁中、翻譯行紀這段文字有誤、其原文云、「統有南突厥、北突厥、大衆熨、小衆熨、樣磨（Yaghma）割祿（Qarluq）黠戛司（Kirghiz）末蠻（Marman）格哆族、預龍族（Örōn, Urūn）之名甚衆、」這箇名單裏面、有幾箇名稱、勢須引起困難的討論、我不能在此處作這種討論、我們祇要記得此處樣磨割祿黠戛司三名並列、與上引之文同。

這些 Qayï 人的詳細情形、雖然沒有人知道、可是已經曉得他們是 Osmanlis 人的祖先、Rachīd ed-Dīn 曾將他們列在 Ghuz 諸部落之首、這樣看起來、不知甚麼緣故 Al-Bīrūnī 尙將他位置在吉利吉思同九姓的東邊、然則他們的遷徙問題還未解決。

對於 Qūn 的問題能夠解決較善嗎。

馬迦特以爲 Qūn 人就是庫蠻人、此說可以匈牙利語庫蠻人的名稱 (Cuni, Kúnok 爲憑藉。我覺得或者不錯。(註七)可是馬迦特的考證不止於此、他並考究 Qūn 人的命運到了中亞史最古時代、他以爲匈奴同他們沒有關係、據說這箇匈奴名稱古讀若 Kung-nu 應該是含有「犬」的意義的一種別號、應該是從吐魯番一帶古印度歐羅巴語而經世人時常名曰吐火羅語中假借而來的、因爲在這類語言裏面、ku- 字的從格 kun- 即訓爲「犬」、他又將譯寫 Bhautta 或 Bhuṭṭa 的 Phaunoi, Phauroi 等等名稱撇開、以爲這些名稱是「指西藏人無疑」最後他又主張、史文雖說吉利吉思人赤鬚皙面、可是此族的堅昆古名、與 Qün 人也不相干、因爲這箇名稱並不是用兩族的名稱結合而成的、實在是譯寫 Kirkuz 的對音、我以爲將這些名稱撇開、我的意思固同馬迦特的主張一樣、可是他所說的 Kung-nu 古讀、本於一種印度歐羅巴語言訓義爲犬之說、我覺得毫無理由、這箇匈奴名稱最先知道的、要算中國人、中國人曾直接同匈奴發生關係、用不着有「印度歐羅巴」的居間、才知道這箇強隣的情形、中國人在此名之若干譯寫中、增添犭旁者、（這些加犭旁的名稱、恰是未經馬迦特在六十四頁中指出的、）因爲本於中國人對於外國民族的一種輕視習慣、Phaunoi 等如 Bhuta、或者有其可能、可是未曾證明、至若堅昆即是吉利吉思、我的意思也同馬迦特一樣、可是譯寫所根據的是單數的 Qyrqun、不是多數的 Qyrqudh、（Qyrquz 或 Kärgüz、這就是唐人的結骨、同元朝秘史的 Kirghut 所自出。）註八

註七　馬迦特（五十七頁）以爲在 Polovcy 首領 Kun-uy 名稱之中、見有 Qün 的名稱、這一說完

全出於武斷、我完全不能贊同。

註八　可參考一九一六年刊通報三七〇頁、突厥語的實在寫法是 Qyrghuz 從嗢昆河（Orkhon）諸碑文起就是這種寫法、我們可以假定堅昆（Qyrqun）或者是一種蒙古語寫法、要是不錯、這倒是一件有關係的事實、因爲這箇堅昆名稱在紀元初時已經知道有了、關於這些蒙古語寫法、可參考一九一五年刊通報六八七至六八九頁以 Türküt 對突厥之說、馬迦特君在一九〇五年時實已首先提出、（參考伊蘭史考第二册二五二頁同本書七二頁）

可是別有一種民族、而經七世紀上半葉一種中國史文說是土耳其斯坦青眼紅髮的人民的祖先的、這就是烏孫、按烏孫王號有昆莫、同後來的昆彌、在理論上求其對音、似是 Kun-mak 或 kun-bak(kun-bhak)，與 kun-mi 或 kun-bi(kun-bhi)、

註九　從前有人以爲這箇莫字或彌字、是突厥語 bäg（鈞案唐人譯作匐、清人譯作伯克、）的對音、而在從前方言裏面讀若 bi、馬迦特（六九頁）以爲此解確當、於是乎將昆莫或昆彌的王號上一半認爲 kun(Qūn)下半認作 bäg 了、據說昆是訓爲「強大」的一箇形容詞、後來變成爲部落的稱呼、又一方面馬迦特以爲烏孫

同後來的西突厥或者應該是同種、註十

註九 我採用的大致是 Karlgren 在一九一九年通報一〇四至一二一頁中還原的古音、其中不少的細節或有討論的餘地、可是根據切實。

註十 馬迦特爲此引證到烏孫的方位同狠的故事、這並不是一種證明、讀者很想到馬迦特必將烏孫的名稱同 Oghuz 相對照、因爲他已經在一箇漢代譯名裏面舉出烏呼兩字互用之例、（就是原書六五至六六頁所引的烏揭或呼揭、此外還須加入魏略中的呼得、此名必是呼揭之誤、）然而他未作這種比對、必定是因爲他已經拿 Oguz （此言箭師）去對 Oghuz （三七頁）我以爲這種假定不對、我也曾將 Oghuz 同 oquš 或 oqus 比對（通報一九一四年刊二五六至二五七頁）然而也是一種很可疑的解釋。

在理論上說、馬迦特所提出的解釋、並非不可能、可是毫無明白根據、還有一箇理由使人不敢將昆莫兩字分開的、設若第一箇字古讀的收聲是 m、我想世人沒有確證必不敢將這箇 kun-mak 古讀分開、因爲前一箇字的收聲、正合後一箇字的發聲、可是因爲古漢語在一含有唇音韻母字裏面並無唇音收聲之例、致使這種適應爲不可能、換一句話說古漢語並無 kum 的讀法、從前譯寫這箇 kum、必須用 -n 收聲的昆字之類、如此看來、根據第二箇字的發聲、第一箇字的收聲頗有爲 -m 之可能、我箇人的意見以爲與其像馬迦特所提出的「昆之 bäg」的解釋、寧取昆莫同昆彌之理論的對音、kummagh (kumagh, kumbhagh) 同 kummī (kumē, kumbhē)、

寄多羅朝 (Kidarites) 或大貴霜 (Kušān) 王朝的最後一王、就是在四六八年爲 Pērōz 所敗的一王、根據 Priscos 的記載、此王名 Koughkhas、亦作 Koughkhan 註十一 馬迦特以爲這箇 Koughkhas 是一箇人造的希臘字的主格、是從眞正寫法 Koughkhan 中演繹出來的、馬迦特以爲這箇名稱就是一箇 qūn, qān 的稱號、別言之就是「Qūn 之汗」、這些 Qūn 就是印度同時的 Hūṇa、這箇名稱所指的、並不是匈奴、印度在 Sita-Hūṇa 或 Cvera-Hūṇa 質言之「白 Qūn」以外、還知道有 Hāra-Hūṇa、這祇能是 Qara Qūn 質言之、「黑 Qūn」、當時的嚈噠 (Hephthalites) 所說的、應該是蒙古語、他們的眞正名稱與 Çveta-Hūṇa 相適應、

應該也就是蒙古語的 Čaghan Qūn、由是可解王號 Čaghān Khudāk 的 Čaghāniyān 國久為嚈噠本部一種中心的理由了、馬迦特這些假定不無關係、可是我覺得不必用這樣絕對形式提出、或者更為妥貼、馬迦特既然將 Hūṇa 與匈奴分開、我們很想知道他對於希臘同拉丁史文中之 Huns 所表示的意見、若是他以為 Huns 的名稱即是 Hūṇa 的名稱、這可又是 Qūn 名稱的一種新例了、這箇例子既很重要、我想他決不能默無一言、設若反是他以為 Huns 就是匈奴、則更加難解、因為他說匈奴是外人名此種族之稱、為甚麼能夠使中國同歐洲皆能採用呢、又或者他以為匈奴 Huns, Hūṇa 這三箇名稱彼此皆無關係、這似乎也非眞相、總而言之、馬迦特應該在此點上明白表示他的意見。

註十一　馬迦特（七十頁）說到柔然（Avars）將寄多羅朝逐出賸監氏古都以外的情形、他將這箇城名寫作 Sing-kamsi 以與 Iskimišt 比對、這種比對好像有些困難、因為這種音讀是出於馬迦特武斷的、因為賸字可以讀作勝、也可以讀作孕、若是拿魏書相對的記載去對照、則又作盧監氏、而且這兩箇名稱同先前的大夏都城與後來的大月氏都城名稱有其關係、這箇古城、史記作藍市、前漢書作監市後漢書作藍氏、（可參考通報一九〇七年刊一八七至一八九頁沙畹（Chavannes）之撰文、）我覺得馬迦特毫無採取晚見而有疑義的北史名稱、而不取史記同漢書名稱的理由、就是採用北史的名稱、也不能說臏字必讀勝、而不讀孕、就算是讀作勝、也與馬迦特還原的寫法不合、因爲臏字同氏字是淸音發聲、復次據我所知道的、Iskimist 原名迄今尚未確定、馬迦特前後提出兩種考據、皆有疑義、（參考伊蘭考 Erāǹšahr 二一九至二二〇頁、）自是以後、不知道他的意見變更沒有。

根據東羅馬使臣 Valentin（紀元後五七五年）的行紀、歐洲 Avars人（常名曰假 Avars人）的眞名是 Ouarkhônitai、又據 Théophylacte Simocatta 的記載、這箇名稱是由兩箇古酋長 Ouar 同 Khounni 的名稱結合而成、Ouar 得與 Avars 的名稱相同、Khounni 又在高車或狄歷最南的部落渾種一名中見過、馬迦特又說因爲 Ouar（War）的名稱並在嚈噠國名滑國、同他們的都城活國或阿緩城（War, Awar, War-waliz）名中見過、而且嚈噠的 Hun 種名稱並見於隋書其康國（Samarkand）列傳說康國王姓「温」月支人也、愈使這箇問題混雜、但是馬迦特（七七頁）以爲將 Ouarkhônitai 分爲兩段是一種錯誤、好像這箇名稱的意義是「Warkhon 之人、」質言之嗢昆（Orkhon）河的人、我以爲我對於這些可疑的解釋皆無所取捨、將來或者還要加上許多。

馬迦特君尋究 Qūn 名稱的踪跡以後、又想確定此民族原來的居地、據說應如 Maḥammad-i Aufī 之說、此種來自 Qytā、質言之來自契丹（Khitai）這一說好像可以用俄國編年史中著錄的兩箇 Polovcy 酋長、Kytan 同 Kitan-opu 的名稱來證實、（五七頁）註十二 我以爲這種比對毫無價値、蒙古人名中國南方曰 Naṅkiyas（南家、）也曾取南家而自名、難道說蒙古人是出於中國南方的人種嗎、註十三 馬迦特以爲還有別一箇憑據可實彼說、Maḥammad-i Aufī 曾說 Qūn 亦名 Mărqa（Mŭrqa?）、馬迦特（五七頁）說種類之不同、其種類雖有變遷的可能、固不能使人想到必是 Märkit、（蔑兒乞）可是很像（八〇至八九頁）是從前滿洲的勿吉後來唐朝的靺鞨、有些中國史文說他們是女眞的祖先、（女眞又是滿洲人的祖先、）又有說達靼是靺鞨後人的、註十四 達靼就是 Tatar、這些達靼本族說的是蒙古話、必定又同中國人習稱曰蠕蠕（Avar）的有其關係、但是中國人又說蠕蠕亦名大檀或檀檀。

註十二　馬迦特（五七頁）並將古蒙侵入時逃到匈牙利的庫蠻王名 Gutan 或 Kuthen 取來引證、後來在一箇補註裏面（二〇三頁）又說此王名在俄國史書裏面寫作 Kotyan 頗不利於比對、然而我以爲就算是寫作 Gutan 也離眞相太遠。

註十三　前幾年 Ramstedt 發現的古體碑文（見所撰北蒙古兩種古體回紇文碑）中之一碑、上面著錄有 Yaghlaqar 的名稱、未經發現的人考證出來、這就是唐書回紇傳回紇九部之一種、也就是回紇可汗的姓、藥羅葛、（參考沙畹撰西突厥史料九四頁）但是如果 Ramstedt 的譯文不錯、這箇回紇可汗的姓、在此碑上又成爲一箇吉利吉思人兒子的姓、我以爲這箇證據並不確實、保不住碑文的意思是如此、我引證他的原因、僅在說明 Yaghlaqar 一定是藥羅葛而已。

註十四　De Groot 曾將大檀一種 Tattan 讀法告訴馬迦特、這種還原所根據的方法、我在後面別有說、可是我在此處應該說說、我雖然不完全將他屏除、可是也不採用第二箇字音讀爲旦之說、這箇問題很複雜、因爲遼史寫作達旦、可是這箇名稱必用一箇 r 收聲、其爲 Tatar 無疑、不過是

漢字用 -n 收聲字譯寫外國 -r 收聲音、祇能在紀元初數世紀中有其事、而在唐時這種譯法幾已拋棄、當時的收聲 d(dh) 在中國北方實在已經轉變爲 -r 如此看來、已經有一箇現成的對音、用不着拿 -n 收聲字去替代、我不僅在新五代史修訂以前看見中國載籍中有達靼的著錄、而且在新五代史最初著錄八六〇至八七四年間達靼事情以前、發現這箇名稱、其名見李德裕致回紇 Ormuzd（嗢沒斯）書、此書並見文苑英華卷四六八、（參照亞洲報一九一三年刊第一册二八六至二八九頁）、致書之年、好像是八四二年、書尾有存問「黑車子達怛等」的話、此處的讀法必定是達靼、而不是達旦、又一方面、關於靼字的音讀、唐宋的韻書皆音怛、而不音坦、既然祇有這箇音讀來譯寫 Tatar 的對音、我想祇能以他爲是、遼史固然有達旦的寫法、可是要知道遼史是蒙古時代所修、質言之、在一箇達靼朝代的時候、我想是修遼史的人以爲這箇「革」字偏旁表面不大恭敬、所以將他删了、但是也有補助 De Groot 的讀法的、有幾本著錄王延德行記的版本、寫作達坦、又在續資治通鑑長編卷七同卷十裏面、見有塔坦的寫法。

我並不想在此處將一種如此複雜的問題整箇重再提起、而且這箇問題關係諸主要東胡（tongous）民族蒙古民族突厥民族等起源同血統的問題、可是有若干說明似有必要、首應言者、好像在此處應該將 Avar 列於事外、他們的名稱、在北魏作柔然同蠕蠕、在南朝作芮芮同茹茹、換一句話說、這名稱的發聲皆爲一種含有鼻音化的清呼音、此音今在中國北方（除開用 -i 的古收聲外）皆轉爲 j-（同法國的 j- 相類而不相等、）自從唐朝以來、回紇人同西藏人皆將他用 j-(ž) 來譯寫、在原則上說、此處應採北魏的寫法、因爲在地理同種族方面、北魏同柔然相距比南朝較近、這箇名稱的原始音讀、好像就是 žuäžän 相類的音讀、至若大檀同檀檀、要爲柔然一箇可汗的名稱、或其有幾種史文誤以之爲民族的稱號、然而還有一種不能將大檀同檀檀與達靼比對的理由、因爲中國人雖然時常將突厥語濁齒音發聲的字、寫作清音、（若將 tarqan 聽作達干 darqan、將 türküt 聽作突厥 dürküt、將 tatar 聽作達靼 datar 之類）、我還不知道在中間用清音譯法的例子、考嗢昆河突厥碑、業已著錄 Tatar、中國譯寫的達靼對音、應讀若 datar、質言之、用一箇清齒音發聲、可是中間夾着有一箇濁音、至若大檀同檀檀兩字的中間、是一箇清音、所以我以爲不能將大檀或檀檀同達靼比對。

關於勿吉或靺鞨的問題、更較困難、若說同一箇民族在八世紀至十世紀歷史時代之間、同時爲東胡種的女眞與蒙古種的達靼之祖先、似乎不是眞相、應該加以選擇、馬迦特則以達靼與靺鞨有血統的關係、若要考究這件問題、應該將日本學者最近刊行關於勿吉與靺鞨研究的成績、拿來參考、就我箇人的意見說、歷史同地理皆似偏於勿吉或靺鞨爲女眞祖先之說、質言之、使之爲一種東胡民族、又據世人很知道的 Théophylacte Simocatta 一種記載、說柔然滅亡的時候、其種人有一部份逃到 Moukri 民族之中、業已有人想到 Moukri 就是勿吉或靺鞨、註十五 此種比對非不可能、然而所關係的、或者是 Märkit（蔑兒乞）這箇蔑兒乞民族在十二世紀末年未來的成吉思汗初次作戰的時候、同達靼皆是蒙古語諸部落中的一箇強大民族、蒙古諸部落在成吉思汗的蒙古人登台以前的情形、我們不大知道、可是自唐代始、中國載籍業已著錄確屬蒙古語的室韋諸部落中、有一箇蒙兀或蒙瓦部落、註十六 好像蒙古之名首見於此、在十二世紀中葉的時候、有一箇朦古國、或蒙古斯、（Moňghu 或 Moňghus 後面的一種寫法、必是女眞語的多數、）這箇國有時戰勝金國、就是蔑兒乞（鈞按遼史卷三十天祚本紀作密兒紀）從前也同 Jajirat（茶赤剌）及 Ongirat（王紀剌）並見遼史著錄、註十七 這些遼人或契丹人所操的語言、雖然顎音很重、可是與蒙古語很有關聯、而且柔然人說的是蒙古語、也有其可能、如此看來、雖然年代相差很遠、可以預想 Moukri 就是蔑兒乞人、不過是這一說在我們現在知識狀態裏面尚屬一種很臆斷的假定、設若反是若將 Moukri 考訂爲勿吉或靺鞨、則就應該或者承認蒙古人同東胡人一直到九世紀的時候、皆是一種相同的種族、像 Blochet 等以爲柔然就是女眞未定的祖先一類的假定、或者主張達靼不出於靺鞨、而爲六世紀中葉逃於靺鞨的一部份柔然的後人、等到契丹破滅靺鞨之時、重新與靺鞨分開、這第二說至少可以救濟記載達靼出於靺鞨的一段中國史文、一方面又可免九世紀以前蒙古人與東胡人語言相同的假定、而且這種假定好像被事實所否認、復次關於 Qūn 者、應該補充幾句話、一方面這箇 Mărqa 或 Mūrqa 的名稱僅見於十三世紀一種傳說不實的孤證、似乎不能用這種薄弱的根據、來起造這樣重要的建設、又一方面設若關係契丹爲甚麼不用習用的 Khȳtāi、而用 Qȳtā 呢。

註十五 參考沙畹撰西突厥史料二三〇頁、現在所知勿吉初次入貢之年是四七五年。

註十六 馬迦特（八八頁）祇言蒙瓦、其實在舊唐書中作蒙兀、祇有新唐書作蒙瓦、這種差別很奇、或者蒙瓦是蒙兀的筆誤、蒙兀的古讀、連同他的 -dh 收聲、他的對音或者是 Moṅghol 或者是 Moṅghol 的一種呼音或唇音的多數。

註十七 一一二三至一一二四年耶律大石西奔的時候、在北庭所會十八部王衆中、就有這三箇部落的名稱、在遼史（卷二六）一〇九六與一〇九七年下、著錄有蔑兒乞（鈞案原作梅里急）長忽魯八、茶赤剌部曾在一一九六年隨耶律大石征過河中（Transoxiane 昔之康居）（遼史卷三十）Ōngirat 或 Qoṅgirat（王紀剌）並見金史（卷十）一一九六年下、著錄、說其居地在大鹽濼附近、又見金史卷九三。

馬迦特在中間對於達靼 註十八 同 Kimāk 註十九 附加若干說明以後、就說到 Kiptchak（Qypčaq 欽察、）這也是件奇難的問題、Guillaume de Rubruck 明說庫蠻就是欽察、自從這箇時候起、便將黑海高加索裏海以北的大平原、明明白白

名之曰 Dašt-i Qypčaq 了、可是有些特別名稱曰欽察的部落、不能永同庫蠻混在一起、

註六　馬迦特（九五頁）提到王延德行紀、說到達靼的八部落、其實原文是九部落、原文說、「次歷屋地因（一作目）族、（tegin Oq?）蓋達于（應作干）（tarqan）于越王之子、次達于（一作千應作干）于越王子族、此九族達靼（一作坦）中尤尊者、」此處所說的、就是達靼部落的區別、同嗢昆河碑文所說的 otuz Tatar 或「三十達靼」先例一樣、這箇九族達靼（toquz Tatar）並在 Ramstedt 所發現的 Šine-usu 碑文兩見著錄、（見兩種回紇古體碑文十七頁同十九頁）此外遼史卷十四說「統和二十二年六月己亥、（一〇〇四年七月二十六日）達旦國九部遣使來聘。」

註九　Edrisi 所說的 Kīmāk 同住在 Irtych（額爾齊斯）河的 Kīmāk 應該分開、誠如馬迦特之說、可是金朝的名稱不該參加在考訂之內、（一一三頁）金（當時讀作 kim）朝純是漢語之稱、他的名稱僅用蒙古語的 Altan-khan（阿勒壇罕）譯名傳到中亞。

欽察的名稱、在九世紀中葉 Ibn Khordadhbih 撰述裏面作 Khyfšākh…、可是

這不是蒙古時代成吉思汗所討伐的欽察、註二十 他所討伐的是別一箇取得欽察舊名的遊牧部落、他的中心好像在 Oural 山中、（一三八頁）起初定是與契丹同奚很有關係的蒙古種、在十二世紀初年徙居中亞、可是僅構成一種土居部落中之一種指揮階級、後來不久就化爲突厥了、他們並受了基督教的若干影響、因爲一二二三年爲蒙古兵所敗所殺的首領玉里吉、就是 Polovcy 王 Yurii Končaković、俄國史書曾將此人與 Daniel Kobyaković 並列、這箇 Yurii 的名稱、同 Daniel 一樣、皆是基督教名、玉里吉乃是古斯拉夫語 Yurigii 的對音、就是我們寫作的 Georges、自從蒙古侵略與人種大混合以後、現在不能再認識他們的後裔了、在這些點上、我同馬迦特意見一致、玉里吉曾經 Bretschneider 考訂作 Yurii Končaković 註二一 我覺得是對的、又一方面這些十三世紀的欽察、是從十二世紀初年由熱河西遷、業經一種中國史文所證明、這條史文我覺得不能對他有所懷疑、現代的中國考據家、若屠寄同柯劭忞等、在他們的撰述之中、也抵於相同的結論、也說欽察是古庫莫奚的後人、質言之與契丹人很相近的奚種的後人。註二二註二十　Kiptchak 習見的譯名作欽察、元史（卷六三）也作欽叉、此種譯法蓋根據一種 Qybčaq 的寫法、將 b 轉爲 m 同回教地方將 Tabghač（桃花石）轉爲 Tamghaǰ 的例子一樣、元朝祕史的蒙文本作 Kibča'ut（乞卜察兀）這就是 Kipčak 的多數、此外在蒙古時代還有這樣互用的例子、比方 Qabqanas 部落的名稱、在元朝祕史蒙文本中寫法如此、（哈卜哈納思）然常將第一字用一箇 -m 收聲字去譯寫、由是成爲 Qamqanas（撼合納思、憨哈納思）至若 kby-ĝaĝkh 中之 -f- 的發音、耶律楚材西遊錄中的可弗叉、就是他的對譯、（此名並見辯僞錄卷二引西遊錄、）此外在黑韃事略中還有箇克鼻稍的寫法、此名中之 o 音在一六七三年的俄國人種地圖 Kopčaška 一形容詞寫法中見過、又在一七〇七年 Remezov 中之 Kopčak 見過、（參考 Baddeley 撰俄國蒙古中國、一九一九年本第一册卷首一百四十頁同一百五十四頁、）

註二　見中世紀尋究、第一册二九七至二九八頁、Bretschneider 在此文同一段中、並考訂阿里吉河就是 Kalka 不過是馬迦特（一五六頁）改阿爲可、似乎有點不像、因爲在蒙古時代可字已經讀如今音、在譯寫中對 kö 而不對 ka、但是當然保不住有訛譯。

註三　世人大致承認奚就是嗢昆河碑上之 Tataby 馬迦特（九六頁）以爲此名「顯然」是 Tata

同 by 兩名集合而成的、其中祇有 by 可當中國載籍之奚、至若 Tata 就是 Tatar 古寫的單數、由是馬迦特將奚字的古讀還原作 by、我對於這種解說懷疑得很、按奚字古讀若 ghiäi 而且一直到隋朝的時候、此族僅以奚名、而在後來則名庫莫奚、設若此名可以分爲兩段、則可以令人想到 Qumāq 同 ghāi 則又可對於馬迦特所說的 Qūn(Coman)同 Qayi 的起源發生一種新假定了、(一種 Qumān 的寫法同 Qumāq 的寫法並存、在東胡系語言之中也有其例、比方滿洲語之 aiman 突厥蒙古語則作 aimaq 又一方面 Qūn 同 Qumāq 之相對、可以突厥語之 qum 對蒙古語之 khumakh 之例解之、此二字意皆爲沙、)可是我覺得這三箇字毫無可以分開的證據、而且第二箇字的喉音收聲、同第三字之呼喉音發聲相合、尤足證明庫莫奚是箇全名、若以爲他是箇全名、他的對音大約是 Qomaghai 或 Qumaghai 字書的奚字祇有奚音、在蒙古時代的讀法應該如此、可是蒙古時代的載籍、常將亦乞不辭部落的名稱、寫作亦奚不辭、或亦奚卜辭、這好像乞奚二音可以相通、(參考元史本證卷四九、這箇中國南方部落的原來名稱未詳、按照譯寫的方法、應該與 Ikibüsä 或 Ikibüsä 相對。)

馬迦特最後所說的民族、就是 Qangli(康里)、此族應與欽察有別、據說說是 Kimak 族被 Qün 同 Qayi 破滅後所存的原來部落、這件問題尚未成熟、寧可暫時不去討論罷。

馬迦特在最後補正兩頁裏面（一二三七至一二三八頁、）對於很曖昧不明的 Qara Qytai （西遼）年代、提出一新解說、他的起點就是回教撰述所定耶律大石亡故之年質言之一一四三年初、對於他的後人、則採用中國史書所誌的年代、則葛兒罕 (gurkhan) 被乃蠻 (Naiman) 屈出律 (Küčlüg) 推翻之年、應在一二一一年、這也是 Barthold 根據一種回教撰述所定之年、這種年代、初視之似對、我們等待將來的證明罷。

所餘的、就是漢字譯寫的問題、馬迦特所引的漢名、皆不舉出今讀、而所還原的古讀多誤、尤誤者、採取乾隆時所改遼金元三史之音、其實乾隆時代改的語音、大致皆無價值、比方俄羅斯王 Mstislav、元史寫作密赤思老、本來很對、乾隆時改作穆爾奇札爾 (Mür-kijär)、又被馬迦特同 De Groot 改作 Mu(k)-'r-k'i-tsa(p)-'r 同原名相去之遠、竟致無法可識了。

我再將語言同歷史上的幾點說明、按照原書頁數臚列於後、以殿此文。

五八頁　Rachid ed-Din 曾說到「汗」所建之 Karakorum （和林）城、馬迦特說汗就是成吉思汗、可是流行的傳說以為此和林城是 Ögädäi （窩闊台）所建、這種傳說或者錯了、（我也相信過、我將來有一天必說明理由、）可是單用一箇汗字、時常指的是窩闊台、此處所指的或者就是他、又一方面和林是喀喇和林的省稱、馬迦特（一二〇頁）錯把他當作黑林的相等名稱、可是黑林在此處不是音譯、乃是 qara-tün 的意譯、這箇名稱在元朝秘史蒙文本中見過幾次。

六〇頁　在 Qumlanču 同 Khumdān （長安）兩箇名稱中間尋求何種關係、我覺得毫無理由。

一一四頁「是哲琳流域」一語、乃是 De Groot 根據乾隆所改名稱之誤譯、原譯應作折連、就是折連川、蒙古語原名作 Järän-kä'är 或 Järän-kä'ärä 此言羚羊原、關於此名之漢譯、可參考元史本證卷四九、其譯名作黃羊川、關於武平一名之沿革、可參考蒙兀兒史記卷三。

一一四頁　玉里伯里在虞集的句容郡王碑中作玉黎北里、根據元史土土哈傳說欽察王族徙居玉里伯里山因以爲氏、好像僅用此名來指其族之一支、元史列傳有二人名叫和尚、其中有一人本傳見元史卷一三四、中云「玉耳別里伯牙吾台氏」按伯牙吾台（Baya'ut）是十三世紀時蒙古種同康里種中一部落之名、（可參考馬迦特在原書一七一頁之說明、）這箇玉耳別里同玉里伯里、必是同名異譯無疑、其原名好像是 Yür-beli、如此看來、此處又有一箇同以前根據其他來源所說的欽察不同的欽察後人了、這箇和尚的祖父哈喇察兒（Qaračar）、以其部落降成吉思汗、和尚的父親名叫忽都思（Quduz）、又考元史（卷一二〇）曷思麥里（'Ism-ail?）傳中有「征康里至孛子八里城、與其主霍脫思罕（Qotoz-khan）戰」一語、按欽察同康里是緊隣、這箇霍脫思罕同忽都思、頗有同爲一人之可能、若是這箇假定不錯、這箇譯寫中未曾用過的「子」字、好像是「于」字之誤、大概是從玉里伯里誤爲孛于八里、可是「八里」二字也可令人想到是 balyq（此言城）的對音、這篇很有關係的曷思麥里傳、錯誤的地方顯然不止一點、若是不能發現這篇本傳的來歷、現在在此點上幾乎難求解決、汪輝祖的兒子並想將白里改作白野、（元史本證卷十九）元史（卷一四三）塔不台（Tabutai）的兒子泰不華（Tai-buqa）本傳說他也是伯岳吾氏（Baya'ut）、世居白野山、白里是玉里伯里的省稱、也有其可能、然而不能必其爲是。至若汪輝祖（元史本證卷四九）對於玉里伯牙所引元史（卷一百）之玉你伯牙、看他的方位、好像不能令人想到欽察。

一一五頁　元史土土哈傳所述欽察的事蹟、將年代隨意湊合、據說蔑兒乞（Mär-kit）主火都（Qodu）奔欽察、納之、成吉思汗遣使索還、欽察國主亦納思不允、成吉思汗怒、命討之、會亦納思老、國亂、其子忽魯速蠻遣使欲歸順、時蒙哥（Mönka 憲宗）受命帥師已扣其境、忽魯速蠻之子班都察遂舉族降。

元史在此處實在將相距約有二十年的事情連在一塊、對於前一類的事情、應該決定的起點、就是速不台（Sübötäi）註二三 討伐蔑兒乞的年代、馬迦特（一一八頁）所錄回教撰述所記速不台征蔑兒乞之年、是回曆六一二年、質言之紀元一二一五至一二一六年之間、元史兩速不台傳中一傳所記亦同、別一速不台傳說他在蟾河

註二四　大戰、盡滅蔑兒乞、可是皇元聖武親征錄將速不台一役位置在一二一七年、元史兩速不台傳（鈞案一作雪不台、）年代之紛歧當然可疑、而元史成書之速、致將一人列有二傳、但是更奇怪的皇元聖武親征錄與 Rachid-ed-Dīn 所記年代也有紛歧、因爲他們的記載大致相類、好像是互相翻譯的。此處年代不應紛歧、可是此處的紛歧、也是表面的紛歧、Rachid-ed-Dīn 固說速不台征蔑兒乞事在回曆六一二年、或紀元一二一五至一二一六年之間、可是他又附帶說明在牛兒年、則此牛兒年必是一二一七年、並無甚麼紛歧了、但是這箇年代與別一重要蒙古史料之元朝秘史所載又有不合。元朝秘史說速不台征蔑兒乞不在一二一七年、而在一二〇六年、大戰的地方不在世人未詳的蟾河（Čam-mürän）、而在 Čui-mürän、質言之、在現在熱海（Balkhach）南邊的吹河、又一方面元史（卷一）將蔑兒乞破滅之事位置在一二〇八至一二〇九年的冬天、此處有一箇我不能不解決的問題。

註二三　蒙文寫作 Sübügätäi 元朝祕史則作 Sübü'ätäi 實在應讀若 Sübötäi 或 Sübütäi。

註二四　在兩速不台傳中皆作蟾河、在回紇亦都護（ydug-qut）巴而朮阿而忒的斤（Barčuq-art-tägin）

傳中作稽河、其讀音同、（元史卷一二二）皇元聖武親征錄作嶄河、這皆是 Raschid-ed-Dīn 之 Čam-mürān。

無論如何、就算承認速不台之征欽察晚在一二一九年、蒙哥年紀還幼、還不能帶兵、他所參與的事情還在後來很遠、虞集的句容郡王碑、與土土哈傳相對之文後面說、「歲丁酉（一二三七）亦訥（碑文不作納不知是否筆誤）思之子忽魯速蠻自歸於太宗（窩闊台）而憲宗（蒙哥）受命帥師已及其國、忽魯速蠻之子班都察舉族來歸」此文比元史較近眞相、過了許多年、老亦納思業已不成問題、代他統領部落的是他的兒子忽魯速蠻、必定是他風聞蒙古人大舉征伐欽察同西方諸國的消息、先去投降窩闊台、可是晚了、蒙哥的兵已經到了本國、忽魯速蠻不在國內、他的兒子班都察就替他投降了、回教著作家未曾記述此事、亦不足異、中國史書雖有記載、然不見於本紀、僅見於列傳、幸而亦納思有一箇後裔在忽必烈時代成爲一箇要人、所以揚名顯親、將他的祖先事蹟留傳於後世了。

蒙哥此役之年代、各種記載不盡相合、馬迦特業已轉錄元史卷二同卷三的譯文、說一二三五年同一二三六年拔都（Batu）貴由（Güyük）蒙哥等、往征西域、蒙哥破欽察、生擒其酋八赤蠻（Bačman）、但是在元史卷六三地理志裏面有一條、我覺得也有在此處轉錄之必要、其文如下。

「太宗（窩闊台）甲午年（一二三四、）命諸王拔都征西域欽叉（Kiptchak）阿速（As, Alains）斡羅思（Oros; Russes）等國、歲乙未（一二三五）命憲宗（蒙哥）往焉、歲丁酉（一二三七、）師至寬田吉思海（裏海、）欽叉酋長八赤蠻逃避海島中、適值大風吹海、水去而乾、生禽八赤蠻、遂與諸王拔都征斡羅思、至也列贊（Ärzan, Riazan）註二五 城、七日破之、歲丁已（一二五七、）出師南征、以駙馬剌眞（Lajin=Lačin 蒙文作 Način）之子乞歹（Kidai）爲達魯花赤（darughači）、鎭守斡羅思阿思（As, Alains）、歲癸丑（一二五三、）括斡羅思阿思戶口。」註二六

註二五　關於一二三七年終攻取 Riazan 之事、可參考 Bretschneider 撰中世紀尋究第一册三一二至三一六頁、又 Blochet 刊蒙古史第二册四六頁、Blochet 所還原之 Riazan 在幾種抄本作

Ârzân（參考 Wolff 撰蒙古史一四二頁）。

註二六　參考中世紀尋究第二冊八〇頁此書根據元史別一條、誌有一二五三年括戶口之事、至若一二五七年遣達魯花赤之事、好像未曾經人檢出。

八赤蠻在元史中之所以著名者、顯然因爲他被擒時風吹海水的異事、這件事可以表示天助未來的蒙哥皇帝、註二七 可是我檢出的這一條、含有一件新事、就是一二三四年命拔都征西域、次年又命蒙哥往會拔都一事、現在很難決定這箇年代的是非、設若我們根據這一條所記的干支、（因爲這是眞正蒙古人所記的年代、至若回曆記年、不常恰與蒙古記年相合）同 Rachid-ed-Dîn 所記的年代對照、則有下述的結果、Rachid-ed-Dîn 說窩闊台命拔都蒙哥貴由征欽察、同其他諸國、是在羊兒年（一二三五）一大會所決定的、並未隱喻有拔都在前出發的事情、諸王同軍隊僅在猴兒年（一二三六）春天出發、經夏天到秋天、走到 Bolghâr（不里阿耳）紮營、八赤蠻之被擒、事在一二三六至一二三七年的冬天、註二八 中國史書所載的一二三七年、好像晚了幾箇月、大約是在窩闊台接到八赤蠻被擒的捷報之時記下來的。

註二七 除開元史本紀同我檢出的這一條以外、元史五行志（卷五〇）還將八赤蠻被擒的事情、當作靈異記下來了、照中國的譯寫方法、八赤蠻的對音好像是 Bačman 至若 Blochet （蒙古史第二冊四四頁）所作的 Pačman 好像沒有理由。

註二八 參考 Blochet 刊蒙古史第二冊四一至四五頁）

班都察之投降、必定也在這箇時候、如此看來、虞集所撰句容郡王碑所誌的丁酉年（一二三七）好像是對的、不過相差約有一年而已、土土哈傳所記班都察舉族歸降以後、接着說「從征麥怯斯有功、」 De Groot 的譯文將麥怯斯的斯字歸於下文說麥怯是蔑兒乞、這種解釋頗有困難、因為在一二三七年業已沒有征蔑兒乞的問題了、這箇麥怯斯乃是一箇城名、同蔑兒乞毫無關係、此城數與阿蘭（Alains）並稱、應在高加索方面尋去、元史卷二說、一二三九年冬月、（陽曆十一月二十七至十二月二十六日）「蒙哥帥師圍阿速蔑怯思城、閱三月拔之、」阿速就是 As 此城必定是元朝秘史 註二九 第二七四同第二七五則所誌的蔑格惕 (mägät) 巴剌合速（此言城、）回教的記述也知道有此城、Rachid-ed-Dīn 曾說猪兒年（一二三九）冬蒙哥同諸王圍 Mănkās 城六星期後拔之、他所說的定是此城。註三十

註二九 鈞案伯希和所本的元朝祕史、就是葉德輝影抄的漢字註音足本蒙文元朝祕史、不是通行的永樂大典本節譯的元朝祕史、此城名見葉刊元朝祕史續集卷二二十七頁、節譯本中無此名、後彷此。

註三十 Bretschneider 的中世紀尋究第一册三一六頁、曾採 Berezin 之 Măngās 的寫法、同一二三八至一二三九年的年代、同此名比對、Mankas 的寫法並見 Raverty 刊 Tabakāt-i-Nāsirī 一一六六頁、可是說此城就是 d'Ohsson（蒙古史第二册六一九頁）所誌的 Mokos 並考訂其爲莫斯科（Moscou）（關於此種考訂者、可參考中世紀尋究第一册三一五頁、）可是 Raverty 又在一一七一頁說到我們的 Măngās(Mănkās) 我還未見此書第二册、不能加以說明、但是此事已見 Blochet 所刊行的 Rachid-ed-Dīn 蒙古史四三至四七頁著錄、其第四三頁一章的標題、將 Mäkäs 位置在俄羅斯同阿蘭之間、其四六頁說有箇屬於 Ulai-tāmūr(Vlaimir) 的俄羅斯城被取之事、Blochet 曾將此城名還原作 Moksau（莫斯科、）（見附刊二六頁）此城

被蒙哥等諸王圍攻三天奪取復次在四七頁說有一箇 Minkas 城在猪兒年（一二三九）冬被圍六星期而攻下案 Berezin 之文所說一二三八至一二三九年冬的事情、必指此事、不過按照回曆計算年代此處也可祇須按照干支可以證明 Rachid-ed-Din 同中國史文之一致、如此看來、此城之攻下應在一二三九年至一二四〇年的冬天、此外 Blochet（附刊二六頁）說有一箇中國人名稱的莫怯思城、就是莫斯科、他未指明出處、可是這種寫法我從未見過、他在基督教東方雜誌（一九〇九年刊八三頁）業經考訂有箇茂怯思城是莫斯科、這箇名字我也未在蒙古時代的載籍中見過此二名好像皆是蔑怯思之誤、然則同莫斯科毫無關係矣。

一三五頁　Käm(Yénisséi)河、元史譯作「欠」並作「謙」以外、又名其地曰謙州、（卷六三）曰欠州、（卷六同卷十二）還有全名的譯音曰謙謙州、（卷六同卷一五一）長春眞人西遊記作儉儉州、山居新語作綣綣州、（恐是謙謙州之誤）這些譯名皆是 Käm-kämjik 的多數 Käinkäinji'ut 之對音、馬迦特說此顯然是 Käm 同 Čik 部落的名稱結合而成的、我却不很相信。

一六七頁　馬迦特說十二世紀末年的粘拔恩、（金朝的讀法等若 Näm-ba-'en）

「顯然」就是 Naiman（乃蠻）的對稱、其實這兩箇名稱不過音聲稍類而已、我却以爲這箇粘拔恩、就是遼史（卷二六）一〇九六年下同梅里急（蔑兒乞）並列的粘八葛、（遼史的讀法大致等若 Näm-ba-gä）、註三一 可是我對於這兩箇名稱、不敢提出一種考訂、說他是乃蠻、也有其可能、設若粘拔恩或粘八葛指的是乃蠻、則他是契丹語所指蒙古語乃蠻（此言八）的對稱、也有其可能、不過根據留存到現代的少數契丹字、證明契丹語顎音很重而已。

註三一 遼史（圖書集成本卷二六）實作粘入葛、（鈞案明監本作粘八葛）可是卷七十則作粘八葛、似乎可以據以改正。

一九五頁 可敦城與譯者所指的蒙古語之 khoto 或 khotan 毫無關係、其實所指的是一箇 Khatun (qatun 或 qaghatun) 城、這箇名稱始於唐之回紇、而在遼時恢復他的舊名而已、從前有好幾箇可敦城、（唐時俄屬土耳其斯坦有一箇可敦城、可參考沙畹撰西突厥史料五八頁）一一二三年耶律大石西奔北庭（Beš-balyq 別失八里）之時、曾從一箇可敦城經過、（遼史卷三十）此外在遼史裏面、

（尤其在卷三七）還有在外蒙古的一箇或幾箇可敦城、松井所撰的契丹可敦城考、將一箇可敦城位置在 Etsin-ghol（元之亦集乃路）別有一箇在外蒙古 Orkhon 同 Köksin-Orkhon 兩水匯流之處 註三二

註三二 見滿鮮地理歷史研究報告、一九一五年刊第一册二九五至三三四頁。

二〇三頁 將 Solangi 改作 Plan-Carpin 記述中之 "Tolangat Teleut"、並無必要、因爲 Solangi 是蒙古時代稱呼高麗人的名稱、或者也是東胡部落的名稱、不能說他在此處沒有關係、至若說將 Tümät 的讀法代替 Tumat 的讀法、我覺得也不確實、元朝秘史的蒙文本所錄的音很詳細、常將他寫作 Tumat（禿馬惕）、同 Khori-Tumat（豁里禿馬惕案豁里此言老。）註三三

註三三 可參照元史卷一百中之火里禿麻、這也是 Khori-Tumat 之對音、至若元朝秘史第二四〇則（鈞案在葉本卷十第十七頁）之禿馬惕同豁里禿馬惕、（Ghori-Tumat=Khori-Tumat 在元朝秘史第八則（鈞案在葉本卷一第六頁）亦作附帶屬格的豁里禿馬敦、（Ghori-Tumat-un）猶言豁里禿馬的、Blochet（蒙古史緒言二七五頁）遂將他誤作 Khorlarto-Madoun 此

種訛譯應該删除。

二〇三至二〇四頁　關於 Ong-khan（汪罕、亦作王罕、）之死、同他的兒子 Sä-ngün（桑昆、鈞案此名疑是將軍二字之對音、）之結局、可將中國的記載補正回敎的記載、Rachid-ed-Dīn 的記述說、汪罕敗後、逃到 Naïman（乃蠻）名叫 Nigun-usun 的地方、被兩箇名叫 Khori-Subaǰu 同 Tung-Šal（或 Iteng-šal）的頭目殺了、汪罕的兒子桑昆就逃過 Čöl（川勒、）到了一箇名稱誤作 Istu, In-šan, Asïq 等名的城、又從此城到 Büri Tübät、他在這箇地方剽掠自給、本地的人將他驅走、他又逃往 Khotan（和闐）同 Kachgar（喀什噶爾）一帶、到了 Kü-šan（曲先、或作 Kusaqu-Čar-Kuša）地方、被其主 Qalač（或 Qylyč）-Qara 所殺。

元史（卷一）對於汪罕之死、沒有詳細的記載、祇說「汪罕出走、路逢乃蠻部將、遂爲其所殺。」

元朝秘史（鈞案此條在葉本卷七、第五至八頁、下文是根據蒙文本譯的、不是逕錄大典本的、）說「汪罕同桑昆邊戰邊逃、走至的的克撒合勒（Didik-saghal）的涅坤水（Näküin-usun）、汪罕渴了、將入去飲水、被乃蠻哨望的人豁里速別赤（Gho-risübäči）拿住、自說我是汪罕、（豁里速別赤）不認識他、也不信他、將他殺了、桑昆不入的的克撒合勒的涅坤水、從外去到 Čöl（川勒）……　註三四

註三四　（鈞案伯希和在此處根據元祕史的注音、將此段還原爲羅馬字、他既然說有一天將他還原的全文刊行、所以在此處將此段省略、）拿蒙文本同漢譯本共比較、大致還不差、可見汪罕的兒子在元祕史中作 Sängün（有時作 Sängüm）、可是在元史同聖武親征錄中皆用桑昆的別一名稱 Nilkha、寫作亦剌合、（或者因爲發音在方言中鼻音喪失、或者因爲蒙文原本用從前的舊法、未將發音的 n 字音點標明。）

還有一種重要不弱於前的一部中國撰述、皇元聖武親征錄、可惜其文頗有脫訛、據其文云、他父子二人「至揑辟烏柳河、爲乃蠻部主太陽（T'ayang）可汗（qakhan）之將火里速八赤帖迪沙二人所殺、」（鈞案元史卷一成吉思汗破乃蠻時、說太陽罕進戰之人亦名火力速八赤不知是否一人。）

此文裏面揑辟烏柳、顯是 Näkün-usu 的譯音傳寫之誤、辟字必是翠字之誤、柳字原爲何字未詳、大概原譯那箇字、其音讀不作速、便作孫、元朝秘史之豁里速別赤（Ghorisübäči=Khorisübäči）、必定應該分爲兩段作 Khori-sübäči 後一段在此處用的是強音類的寫法、不知道原來如何寫法、註三五 可是要應注意的、元朝秘史祗說有一箇乃蠻啗望的人、而同 Rachīd-ed-Dīn 相類不止一點的聖武親征錄、皆說有兩箇人、親征錄的帖迪沙、顯然就是 Erdmann 所識的 Iteng-šā̆l 註三六 同 Berezin 所識的 Tung-šā̆l、其實 Berezin 所曾採用的那些抄本中、有兩本皆作 Tā̆tik、如此看來、Rachīd-ed-Dīn 中的名稱、不應作 Tung-šā̆l、而作 Tā̆tik-šā̆l 無疑、可是還有別一箇結果、一旦這箇 Tā̆tik-šā̆l 名稱成立、好像不能不將他同元朝秘史的 Didik-saghal 比對、難道說元朝秘史所代表的、是說 Didik-saghal 是一地名的傳說、而親征錄同 Rachīd-ed-Dīn 所代表的、是將變 Tē̆tik-šā̆l 爲人名的一種傳說嗎、此事有其可能、可是不能必其爲是、其在十四世紀翻譯元朝秘史爲漢文的譯人、在的的克撒合勒旁邊註了地名二字、可是不能證明他們沒有誤會、我

庫藏

所譯的蒙文原本可以將 Didik-saghal 解作一箇突厥人或蒙古人的人名、（尾上的 saghal=sakhal、此言鬚）好像是乃蠻部內的涅坤兀速（Näkün-usun）是屬一箇名稱的的克撒合勒（Didik-saghal）的人所管、親征錄同 Rachid-ed-Din 的來源、所以將 'Tetik-säl（或 'Tedik-šäl = Didik-saghal) 列在豁里速別赤殺汪罕的案件以內、因爲殺汪罕的就是的的克撒合勒領地內哨望的人。

註三五　元朝秘史、親征錄同 Rachid-ed-Din 之相合、可以證明 d'Ohsson 蒙古史第一册八二頁中湊合突厥蒙古語的 On-oussoun 一名之非。

註三六　參考所撰（不能動搖的帖木眞）二九七頁。

涅坤兀速的所在、毫未見有著錄、大致應在戈壁的北邊、因爲桑昆一直到此處、皆同汪罕相處在一起、後來必定因疑慮不敢入涅坤兀速、好像是知道他父親被殺的消息以後、才離去蒙古高原、逃到川勒（Čöl）、這箇名稱在元朝秘史中凡兩見、皆作地名、Berezin 在 Rachid-ed-Din 相對記述之中、已見此名、已知就是元朝秘史的川勒名稱、註三七 這箇 Čöl 在現在中國新疆的突厥語（回語）中、尚指荒野地方、沙磧地方現在庫車的西方同吐魯番的南方各有一山名喚 Čöl-tagh（後一字此言山、）蒙古人稱沙磧曰 čöl-tala（後一字此言平原、）若要知道桑昆所經過的是何一沙磧、祇要確定桑昆所赴的地點、而此事必須使我們研究關於桑昆死亡的記載。

註廿七　見 Trudy V O.I.R.A.O., XV, 146, 314.

元朝秘史在此處代表一種多少含有故事的傳說、能有助吾人考訂者甚少、其文如下、「桑昆不入的的克撒合勒的湼坤兀速從外去到川勒、進去尋水喫因見野馬被蠅蝱咬着、桑昆有兩箇伴當就是管馬的闊闊出（Kökočü）同闊闊出的妻、桑昆下馬將馬教闊闊出拿着、自去窺野馬、管馬的闊闊出遂將馬牽走、其妻說金曾與你穿、滋味曾與你喫、如何撇着桑昆罕去了、他妻說着就落後立着不行、闊闊出說、難道說你將桑昆做丈夫麼、其妻說人雖說婦人是狗面皮、你可將這金盂子與他教尋水喫、闊闊出遂將金盂子撇下、同來成吉思汗處、將棄了桑昆的原故都說了、成吉思汗說、賞賜他的妻、管馬的闊闊出這般捨了正主、這等人如今如何倚仗他做伴、說着將他斬了。」

前面這段記載、祗說桑昆初到沙磧的事情、後來桑昆的結局如何、元朝秘史毫無說明、我想桑昆的隨從人、必不至像元朝秘史所說之少、元朝秘史這部書、雖然是成吉思汗死後幾年中的撰述、可是時常具有一種英雄故事的性質、這一段就是一箇榜樣、其實根據其他中國載籍、桑昆業已逃過沙磧、並曾著錄他所到的地方。

元史在此處記錄也不甚詳明、其卷一云、「亦刺哈（質言之桑昆）走西夏、日剽掠以自資、旣而亦爲西夏所攻、走至龜茲國、龜茲國主以兵討殺之」案西夏同龜茲國、皆是世人所認識的國名、如此看來、桑昆的行程是從北至南、經過戈壁、到了從前的西夏、現在甘肅的北邊、（今寧夏省西部）又從此處西行、死於龜茲、質言之、死於今之庫車。

由是我們對於 Rachid-ed-Dīn 所記的、同馬迦特所讀作的 Kūšān 同 Kusaqu-Čār-Kuša 等名稱、可得一種確實考訂、今日名稱庫車（Kūčā 本地人讀若 Kūčār）的地方、不知何故在漢唐時、譯寫的原名對音假擬是 Kūčī（龜茲、）而在元明時、大致寫作 Kūsān（曲先）註三八 Kūsān（=Kūšān）的寫法、並見 Tārikh-i-Rachidi 著錄、註三九 此名顯然就是 Rachīd-ed-Dīn 的 Kūšān、而這箇 Kūšān、好像應該改作 Kūsān、又一方面這箇 Kūsān 名稱應該是構成 Kusaqu-Čar-kuša名稱的首一字。

註三八 可參考中世紀尋究第一册一六三頁第二册三一五頁三三〇頁、此外還要加入元史卷十二所著錄之名、元朝祕史第二六三則中有一古先（Güsän）好像應該改作苦先（Küsän）按照漢字的譯寫、其原名應該是 Küsän、而不是 Küšän 或 Kušan。

註三九 參考 Eliss & Ross 的譯本索引 Kuchar 同 Kusan 條。

現在再取皇元聖武親征錄之文考之、據云「亦剌合 註四十 走西夏、過亦即納城、至波黎吐蕃部、即討掠、且欲居之、吐蕃收集部衆逐之、散走西域曲先、註四一 居徹兒哥思蠻之地、爲黑鄰赤哈（Qylinč-Qara?）者殺之。」

註四十 這箇合字左旁原註必有一箇小「中」字、這就是元朝祕史的寫法、因爲蒙古時代的漢語沒有對 gha 的音、所以在合字旁邊加一箇小中字、用以標明他的對音、可是這些中字偏旁、在親征錄同元史裏面並皆删除、這兩部書裏面的合字、其實皆是對 ğha 音的「蛤」字。

註四一　原文實作白先、中國校勘家說當作曲先、這種改正是不錯的。

上文「亦即納」的寫法、不能說錯、中國校勘家業已認識他是元史「亦集乃」的異譯、亦集乃就是現在的 Etsin-ghol、從前蒙古人曾在和林至亦集乃路之間設置驛站、桑昆從川勒到蒙古高原的南方、當然走到亦集乃路、由是諸寫本中的 Is-tu, In-šan, Ašiq 註四二 等等名稱、應該可以改作 Itsin 或 Itsina 註四三、此名原來或者是本於西夏語的、而不是本於蒙古語的。

註四二　馬迦特在 Berezin 之後以爲 In-šan 就是陰山、可是陰山是山名、不是城名、而且陰山的方位過於偏東、而不在和林或阿爾泰山通西夏國的道上、復次陰山在蒙古時代好像應該寫作 Imšan。

註四三　這種明白的答解、Howorth 業經在英國王家亞洲協會報一八八九年四二〇頁中指出。

我們現在還不大知道 Büri Täbät 一名所指的地方究在何處、此名曾見 Plan Carpin 著錄、親征錄之「波黎吐蕃」也是指的此地、因爲自唐代始、吐蕃即是 Tü-bät 的對稱、按照親征錄著錄的名稱之譯寫方法、似爲 Böri-Tübät、然而中國譯人所譯的原本、其中字母或者業已不分 ö 同 ü 兩箇韻母、也有其可能、總之、此地不是西藏本部、而是西夏附近的一箇地方、或者在西寧一帶、或柴達木 (T'saidam) 一帶。

我們現在抵於很難解釋的一段了、根據親征錄之文、說桑昆走「曲先、居徹兒哥思蠻」一案徹兒哥思蠻理論上的對音、似是 Čärgäsman、由是至少在此名收聲方面、可以近對 Kusaqu-Čăr-Kušă 一名的實在收聲、根據 Berezin 許多寫本的寫法、名尾皆有 -mä、不知何故將他刪除、d' Ohsson (第一册八二頁) 業曾根據別的寫本、識爲 Keussatu-T'char-Kaschme、而 Erdmann (二九八頁五九七頁) 也寫作 Gusatu-dschau-gasmeh、案 -ä 同 -än 在語尾之互用、皆合蒙古語流行的用法、此名之第一段、應作 Küsän、從前已經說過、中間的 -qu-、好像可對親征錄的「居」字、然而我以爲這種音聲相對、乃是出於偶然、有些本子不作 q、而作 t、則成 Küsätü、然而也不像、我以爲最好的答解、就是變更音點、將 t 改作 n、由是成爲 Küsän-ü Čärgäsmä、此種寫法中之 -ü、代表蒙古語的屬格、猶言曲先的徹兒哥思蠻、換一句話說、告訴 Rachīd-ed-Dīn 的人、將這箇連同屬格的複名供給於他、而不解此複名之義、中國譯人則解其意、所以說桑昆走到曲先、住在徹兒哥思蠻境內、至若這箇 Čärgäsmä 或 Čärgäsmän 名稱、別處未見著錄、我在蒙古語或突厥語中今尚未得其解。

賸下來的、就是殺桑昆的人一件問題、d' Ohsson 將 Rachīd-ed-Dīn 著錄的部落同人名、認作 Qallaǰ(Qalač) 部落的 Qylyǰ-Qara 主、Berezin 又作 Qylyǰ 部落的 Qylyǰ-Qara、馬迦特則謂爲 Qalač 部落、而對於人名、則以爲是 Qylyč-Qara、或是 Qalač-qara、此外 Erdmann (二九八頁) 則名之曰 Qalač 蘇丹 (sultan) 的 Qylyč-Arslan 主。

根據親征錄的寫法、人名的前半、應作 Qylynč、註四四 而非 Qalač、後半似應還原爲 qara、可是後面有一箇「者」字、似誤、還保不住是否即爲此名。註四五

註四四 按照漢字的譯寫、似此名是用回紇語 qylynč(蒙古語作 kilinča) 此言「活動」一字構成的、而不像是用 qylyč 此言「刀」一字構成的。

註四五　親征錄云、「爲黑鄰哈剌者殺之、」這箇 Qylynč-qara 後面的一箇「者」字、未經 Palladius 注意、但此字頗難索解、中國校勘家則以此字爲譯名中之一字、我以爲此字或是含有「逐」或「擒」的意思之字的訛寫、Erdmann 的名稱不知何所本、根據五九七頁他的註釋、好像是本於 d' Ohsson 的、可是 d' Ohsson（第一冊八二頁的那一段、）僅作 Kilidj Cara。

我考證汪罕同桑昆的死事、是有心作一種很長發揮的、因爲這些事可以供給一箇很好的例子、而足證明中國撰述同回教撰述互相參證之功用、我想說的僅限於此、我在此文裏面未能將馬迦特拿他的鴻博學識運用自如的一切問題、一概審查比方古典語學家在此書一七六至一八六頁裏面、還可見到他對於 Pline 同 Ptolémée 所著錄的民族名錄發表的一大篇討論、馬迦特在在皆啓誘些比對、提出些答解、此種答解見信於人的程度固然不等、然在一箇問題上用很多的同很繁雜的學識訓練去調查、恐怕無有一人能及馬迦特者、他這部書的弱點僅在漢語一方面、然而這不能算是他的過失。

塞語中之若干西域地名

見通報一九三一年刊一三九至一四〇頁伯希和撰

鋼和泰(Staël-Holstein)所藏有兩種敦煌文件、曾經 F. W. Thomas & Sten Konow 在挪威都城印度學院一九二九年叢刊(一二一至一六〇頁)中發表、我在去年通報(二三〇頁)中著錄此文之時、業已考訂 Ïcū 就是伊州、(今之哈密 Qomul)、Phūcaṃni 就是唐之蒲昌、(今之闢展 Pičan 或 Pijan) G. L. M. Clauson 在本年英國亞洲協會報中、(二九七至三〇九頁)曾將其中地名考訂、我在去年曾將此塞(śaka)語文件報告巴黎亞洲協會、我也說 Yirrūṃcinai 就是唐之輪臺、今之烏魯木齊(Urumči)、此外我在此報告中並在一篇未刊行的詳細研究之中證明 Clauson 所說的「五城」(三〇四頁)就是伊蘭語別失八里(Beš-baliq)的名稱、此城在天山之北、濟木薩(Jimsa)附近、Clauson(三〇六頁)誤將他與哈剌和卓(Karakhoja)就是昔之高昌 Qočo)混而爲一、復次我以爲 Bihiraki 同 Ṣapari（三〇六頁）可當唐時的憑洛同沙鉢二城、此二城昔在別失八里同烏魯木齊之間、其餘的名稱、除開瓜州甘州涼州同吐魯蕃（塞語之 Ttūrpaṃni）幾箇名稱、業經初次刊行人考訂其一部份外、餘皆表現有重大困難、Clauson 的答解、我以爲可供尋究之指南、並可用爲討論之根據、然多有可議之點尤其是說 Kauˀyākï 同 Ttiyākï 兩字的前半是漢語高低兩字的譯音、而後半之 yākï 是哈喇沙爾(Qaraśahr)的名稱、（三〇五頁、然則爲何不將 Phalayākï 同樣分解、）考訂者（三〇六頁）說 Kautuñai 是塞語的原名、就是中國人譯寫的高昌、這種考訂我也不以爲然、高昌是否爲一種土名的譯音、還不一定、（雖然有其可能、）這箇高昌名稱、在古康居語(sogdien)中或者業已寫作 Kučān(Kč"n")、（可參考 H. Reichelt ,Die soghd. Handschr, d. Brit. Mus. II. 5）

漢譯「突厥」名稱之起源

見通報一九一五年刊六八七至六八九頁伯希和撰

中國載籍中之突厥、就是 Türk 之譯名、今日諸東方學家對此意見皆已一致、惟此種譯寫方法、在表面上不甚充足、因爲突厥兩字古讀若 Dwïdh-kiudh、似應假定其對音是 Düaküt、可是應該知道、（一）六世紀至八世紀間、中國人常將中亞之 t 字發聲寫作 d、所以常將 tarqan 寫作 darqan（達干）、這種譯法在吐蕃語譯寫突厥一名之 Drug、或 Dru-gu 名稱之中、字母雖有易位、譯法正同、（二）古中國語中、雖無適應未濕音化的 dwïdh 之寫法、然可以第二字之濕音證其全名譯寫如是、由是觀之、中國人對於 Türküt 原名、曾在其可能譯寫之限度中、將其以爲讀若 Dürküt 之對音寫出。

然而這種 Türküt 寫法是本於何種語言呢、這當然不是突厥語的寫法、古突厥碑僅著錄有 Türk、其複數應作 Türklär、可是當然令人想到這箇 Türküt 或者就是一種蒙古語名的複數、質言之、在聲母之後作 -ut(-üt)、（惟將 -n 除開、因爲 -n 在突厥語蒙古語中時常不定、常用 -t 替代、）而在韻母之後作 -s、偶亦作 -t 註一 從前好久即有人用這種複數來解說 Tängüt（唐古忒即西夏）的名稱、相類的例子、在蒙古時代諸民族名稱裏面很多、在元朝秘史（鈞案元秘史複數作惕）同 Rachid ed-Din 的蒙古史中頗不少見、難道說在這箇突厥譯名裏面應該主張有箇蒙古語的複數嗎。

註一　漢語的譯寫、不能使人決定收聲是清聲、抑是濁聲、是激聲、是呼聲、抑是流聲、所以僅就漢語方面說、可以假定應作 Türküt 者得作 Türküd, Türküdh 且得作 Türkür, Türkül、俄國的蒙古語學家隨 Schmidt 之後、大致主張在「文學的」蒙古語中、至少在十三世紀時、應該譯寫多數的收聲作 d、而不作 t、這就是 Schmidt 在他的 Sanang-Setsen 譯文中所採用的寫法、也就是 Ramstedt 在他的「吐魯番附近亦都護城之蒙古字」中的寫法、我因爲下述的理由、寧以 -t 之收聲爲是、這些理由就是（一）近代的讀音是 -t、（二）十三四世紀時、在回教諸著作家如、Rachid -ed-Din 之撰述中、同在譯寫頗爲詳細的元朝秘史中、皆作 -t、而不作 -d、（三）

且在唐代嗢昆河（Orkhon）碑文判別 t 同 d 甚明、曾將達干的複數寫作 tarqat、而不作 tarqad、我的意思並非說 -d 的寫法從未存在、我並以爲在烏拉阿爾泰（Ouralo-altaï-ques）系語中、自匈牙利語迄於東胡語（tongous）之種種複數、爲 -t, -r, -l, -s, 者、在原始是一致的、其變遷必賴清齒聲、甚至用呼聲居間爲之、不過在純粹蒙古語寫法中獨見著錄者、祇有濁齒聲而已。

世人首先不應忘者、以 -t 收聲的複數、雖然不是實在突厥語的複數、可是古突厥文業經供給有幾箇例子、比方 Tarqan（達干）的複數作 tarqat、又若 išbara（沙鉢略）的複數作 išbaras、或者嗢昆碑文中之 yïlpaghut（此字疑與 alpaghut 有其關係）也在其例、註二 有些寫本曾將 tegin, bayaghu, el-ügäsi 等字的複數寫作 tegit, bayaghut, el-ügäsit 註三 這皆是在古突厥語中完全證明的蒙古語複數。註四

註二　參考 Radlov 同 Thomsen 著作所附之字彙、與 Ramstedt 所撰之兩種回紇古體碑、見 Soc. finno-ougrienne 會刊、一九一三年刊第三十卷第三冊二七及五七頁。

註三　參考 F. W. K. Müller, Uigurica II p, 97; Mahrnāmag, p. 9, 29.

註四　如果 el-ügäsi 的習用解釋之「國民光榮」意思是對的、則此字應該是一種突厥語的構成、即以 el 加 ügä、然則應該承認此種蒙古語複數有時因相類之關係引伸及於純粹突厥名號了。

可是祇要看看這些例子、就可見這些名稱皆是些官號尊號、並可能解說其見於純粹突厥文中之理、案突厥名稱見於歷史之時、就在中國史書著錄六世紀中葉突厥破滅柔然（Avar）之時、註五 這箇初興的民族、當然假用些其取而代的國家之政治的同行政的組織、突厥人實在業已繼承柔然人的 qaghan（可汗）最高尊號、最初在中亞具有這箇尊號的、就是柔然君主、又若嗢昆河突厥碑文上世人所熟識的 tägin（特勤）名號、也在突厥建國以前早已有之、因為在六世紀初年時、嚈噠（Hephthalites）業已早有這箇名號了、而此嚈噠並無說他是一箇特屬突厥的部落之何種理由、註六 如此看來、好像突厥人所用之「蒙古語的」-t 複數、是柔然人遺傳下來的、由是可以推測此種複數在柔然語中業已存在、當突厥名稱達於中國之時、恰在柔然人逃亡西魏之際、尤足以實吾說、設在柔然語中所常用的複數是 -t、當然這些柔然人告訴中國的突厥名稱、就是 Türküt 的寫法。

註五　Turuṣka（突厥）名稱出現於印度之時亦同、至若世人以爲在古籍或中國載籍中所發現之此時以前突厥名稱之著錄、我以爲皆不可靠。

註六　還有 yabgnu, žabghu（葉護）官號、或者是發源於匈奴而歷經中亞民族所採用的、這些中亞民族中之月氏、確與突厥人及蒙古人沒有關係、柔然好像巳知有此官號、突厥時常用此官號、這是世人所知道的、好像這箇官號在西亞同東歐從前有一箇 -t 複數、可是突厥文同回紇文迄今尚未表現有適應 yabghut, yabghus, (yabghuz) 的寫法。

此說如能證實、則將發生重大結果、「突厥語」與「蒙古語」關係的程度、我們固然還不知道、然而他們有一種實在關係、是確然無疑的、第若將從前的「泛蒙古派」Schmidt 或 Hyacinthe 神甫、同後來的 Pozdnéiev 或 Blochet 所持之說除開、今日頗有承認蒙古語在成吉思汗時代始取得特性一說之傾向、不過此時的蒙古語、還有不少假借於突厥語的字、我對於突厥官號用柔然的 -t 複數、同 'Türküt' 寫法、所提出的答解、似乎可以表示在突厥人之前、中亞至少有一國的用語、與其說是突厥式、勿寧說是蒙古式、總之十三世紀的蒙古人在政治同宗教方面採用於突厥人的應該很多、尤其採用在他們以前的回紇突厥人的特別多、這種影響、在他們字彙裏面曾經留存些持久的痕跡、回紇突厥人在他們的一部份組織同他們的幾箇官號裏面、又是承襲本部突厥人的、而突厥人又是承襲與蒙古人較近的柔然人的、註七 此外相類的假借、在更古的時代應該還有、則應尋究其踪跡、一直上溯到第一匈奴帝國時代。註八

註七 我在此處對於東羅馬撰述所著錄的 Avar 之眞正起源、並不想有所討論、可是我應該聲明的、六〇〇年頃那箇有名的 Bayan 可汗、是一箇純粹蒙古名稱、而不是突厥名稱、元朝時代有好幾箇人名稱 Bayan（伯顏、）還像有從此名轉出而專屬於婦女的 Bayatai 名稱、突厥語相對的名稱是 Bay(Bai)。

註八 我曾說柔然好像是傳襲這些「蒙古語」複數於突厥人的民族、可是也保不住突厥是受之於拓跋魏的、當時魏國統制中國北方、我們在南齊書裏面看見有譯寫的幾箇鮮卑名稱、這些名稱雖然用 čin（眞）煞尾、而不用 či（赤）煞尾、魏國字彙好像是「突厥式」、而不是「蒙古式」、但是這件題問必須要詳細研究。

漢譯「吐蕃」名稱

見通報一九一五年刊一八至二〇頁伯希和撰

吐蕃是唐代官書稱西藏人的名稱、勞費(Laufer)(通報一九一四年刊八六至八七頁九五至九六頁)曾考究此名稱之起源、我以爲他有誤會、現在應試將此種誤會解除、在十九世紀初年、世人對於中國的古音韻學尚無所知的時候、Abel Rémusat 曾以爲番字的音讀在用別的部首諸字之中、皆讀若波、他於是乎假定波是蕃字附帶的音讀、而由是以爲吐波是 Tibet(圖伯特即西藏)之一種滿意的譯寫、此時以後、一直到 Bretschneider, Bushell, Rockhill, Chavannes, Kynner, Laufer, 諸人、好像皆未作何種考究、而承認吐蕃正確的讀法是吐波、乃考中國的字典、並未著錄有蕃字之一種波音讀法、新唐書所附的音義、對此亦無一言、我敢說就算承認此種很假定的讀法、所得的收穫實在微乎其微、西藏的土名是 Bod、世人就想在吐蕃第二字之波字讀法中、尋求此 Bod 之對音、但是要證實此說、必須要此波字有一對 bod 的古讀、乃考諸部有番字之諸字、不用 -n 的收聲之種種讀法（質言之波或婆、）祇有鄱字是淸音發聲、其餘古讀皆是濁音發聲、縱然承認這箇單獨的婆音古讀、然而也兗不了這些並將婆音古讀包含在內的字皆是韻母收聲、質言之、其對音爲 pwa 同 bwa、可是無一字有 Bad 的韻母、也無一字有他的聲母收聲、所以我以爲在原則上應該保留吐蕃（讀若 Thu-pw'an）的讀法、僅僅承認自唐代始、因音聲的變化、或者由 pw- 轉爲 f- 而已。

然則這箇吐蕃名稱是從何處來的呢、唐人對於這箇名稱的來歷業已不大明瞭、唐代的著作家有時說不明其出處、新唐書則說吐蕃是禿髮（Thuk-pw'adh）之轉、這箇禿髮是六世紀初年中國的一種外族之稱、或者就是佔據甘肅西部的西藏人種、然而勞費屛除此名、以其同 Bod 毫無關係、並同世人試用以解說吐蕃的假定名稱之 Svod-bod 或 Mtho-bod 的寫法、亦無關係、勞費又以爲回敎撰述中之 Tobbat 或 Tibbat 等等名稱、亦不能取以引證、因爲大食文字不寫韻母、而世人之所能推測者、不過在九世紀末年回敎撰述裏面、有一箇名西藏爲 Tbt 的名稱之存在而已、我以爲勞費在此後一點上、未免過於懷疑、大食撰述固將西藏歷史繫於 Himyarites 人的歷史、未免有所混淆、可是其所著錄的名稱、（應注意大食語字母中無 p 聲母）必是突厥人所認識的西藏名稱、我們可以取證於嗢昆（Ork-hon）河諸碑、西藏的名稱在諸碑之上常寫作 Tüpüt（或 Tüpöt, Töpüt, Töpöt）、任用何種方法、好像應該將此名同漢譯吐蕃名稱比對、而無須將其讀若吐波、我在敦煌所得一部十世紀末年的漢語吐蕃語合璧字書、曾見其中西藏語 Bod 的對稱是特番（讀若 Dăk-pw' ad）（見亞洲報一九一二年刊下册五二二頁）好像此名可與新唐書的禿髮（Tbuk-pw' ad）一名相接近、總而言之、或者禿髮、吐蕃、Tüpüt, Tïpet 幾箇名稱皆是同一名稱之幾種寫法、然若欲將其牽涉到西藏土名之 Bod、似乎爲時過早。

高麗史中之蒙古語

見亞洲報一九三〇年刊下册二五三至二六六頁伯希和撰

白鳥庫吉在一九二九年十二月刊的東洋學報（第拾捌卷一四九至二四四頁）裏面、將一四五一年鄭麟趾所撰高麗史中之蒙古語、作了一篇研究、我對於他所考訂的細節、不去討論、我祇想將他所摘錄的蒙古語作一篇簡單的考註、我尤想使不能逕閱東洋學報的蒙古語學家可以參考。註一

註一　高麗史中所譯寫的蒙古語、大致與中國載籍中的譯寫相同、所以我祇著錄漢譯的讀音、而且祇有這種讀音與蒙古原文相合、白鳥所列舉的各條號數、我仍舊用他、不過是他每條之下有時不限於一箇名稱。

（一）安都赤　白鳥考訂其對音是 adu' učï, aduačï、並以爲就是元史卷十的阿答赤、卷八一的阿塔赤、此說有誤、因爲阿答赤或阿塔赤的對稱是 aqtačï、原意指的是飼養馬匹的人、此名在突厥語同古蒙古語中是箇熟知的名稱、（參考通報

一九三〇年刊二七頁）此外在元朝秘史同華夷譯語中固有 aduʼučï 一字、訓爲管馬的人、（此字出於 aduʼun 阿都温、此言家畜、）可是安都赤假定的對音是 alduči 或 anduči、不能同上述的名稱相對、這箇所謂「安都赤」僅在高麗史卷一二二中一見、說是代王殉亂的人、安字在此處祗作姓、如此看來、此名的寫法可疑、意義也不確定、或者文有脫訛、疑其人姓安名云都赤、中脫云字、云都赤原作 üildüčï（古蒙古語作 ïldüčï）即是蒙古時代執刀宿衛的人。

（二）愛馬　即是蒙古語的 ayïmagh、此言部落、州郡、也就是元朝秘史中之阿亦馬黑、白鳥將蒙古語的 ayïmagh 同滿洲語的 ayiman 比對、是不錯的、突厥語的 aïmaq 或者是在近代方言中假之於蒙古語的、至若突厥語互用的 oïmaq 寫法、或者就是 aïmaq 讀音之轉、則假借於蒙古語之說並不薄弱。

（三）阿刺訥忒失里 註二　此是一箇高麗王的蒙古名稱、白鳥說其中兩字倒置、應作阿刺忒納失里、以對原文之 Aratnaśiri、等若梵文之 Ratnaśrī。

註二　在蒙古時代譯字中、訥字（要是非納之誤的話）對 nu、而不對 no、所以我讀作 nou、白鳥在此處僅僅討論幾個發源於蒙古語的固有名稱、可是在此時代的高麗史文中尚有不少。

（四）拔都兒　即是蒙古語之 ba'atur, bātur 、此言勇士、這是一箇古字、應該從突厥語（莫賀咄）上溯到柔然（Avars）。

（五）八哈思　此名應如白鳥之說、代表 baqšï 之對音、（並參照蒙古時代中國載籍中之八哈失、）不過收聲在此處有點困難、（高麗史的寫法通常對 baqas 、嚴格對 baqšï ）註三 白鳥備引阿爾泰語系中之 baqšï 字、然對於其從漢語或梵語之未定的起源、毫無一言及之、（關於此問題者、可參考通報一九三〇年刊十四至十五頁。）

註三　可以想到此名是 'phags-pa （八思巴）一名中 'phagas 之轉、然而不能爲準、白鳥（一六三頁）引證有熱河日記卷十八、（又在二二八頁引證其卷十九、）這部熱河日記不知爲何書、這箇喇嘛的全名、在高麗史（卷三一）中作吃折思八八哈思、我在北平圖書館館刊（第二卷五〇六頁）一篇記載中、知道白鳥在一九二八年史學雜誌（現尚未見）中對於這箇番僧撰了一篇論文、曾將此名之前半還原爲 rces-pa 、（此言可愛優貴、）這種還原並不正確、保不住白鳥所見的實在是此字、可是無論如何、一箇 r- 發聲是在漢譯裏面所未有、我以爲折字或者是拉字之誤、蒙古時代有一人名乞剌斯八斡節兒、他的對音或者是 bKras-pa 'Od-zer (bkras=bkra-šis、或者是 Grags-pa 'Od-zer、要是不錯的話、還箇高麗史的蕃僧原名似爲 bKras-pa baqši 或是 Grags-pa baqši。

(六)波吾赤同阿加赤　這是高麗王兩箇番衞之稱、註四 白鳥對於前一箇名稱考訂爲 baghurčin、對於後一箇名稱則不詳所自出、他以爲 baghurčin 出於 baghu-此言落、並引證 Kovaleskii 的字典中之 baghurčin-u gär、此言旅舍、(1065 a)但是此字典中之字乃是本於 ba'u-(此言落)同 ba'urči(此言廚夫)兩字之晚見的混解、(參照通報一九三〇年刊二六至二七頁、)我以爲波吾赤在原則上應假定是 bo'uči 或 bo'u(r)či(參照本文第三十四條)阿加赤的對音似是 aqiyači 或 aqači、第二箇名稱尚須說明、第一箇名稱之對 ba'urči 雖然近似、可不一定、(一種變爲 ba'urči, bo'urči 的轉讀、並無不可能的地方。)

註四　我現在所見的高麗史、是東京一九〇九年刊本三冊、此本同白鳥所引之文(疑誤)不同、然其名仍同。

（七）伯顏帖木兒　對音爲 Bayan-Tämür、這是一箇人名、白鳥說明伯顏（此言富）同帖木兒（此言鐵）兩箇字的歷史很長。

（八）八加赤　高麗史卷八一註五有一條說、罷鷹坊、以其官吏分屬忽只、詔羅赤、八加赤、白鳥以爲八加赤是 balqačï 或 balghačïn 而此名又出於 balghasun（此言城）並研究此 balghasun 一名之沿革、（當然引證到突厥語的 baliq 同滿洲語的 farga、）可是我仍以爲這種解釋很有疑義、蒙古時代的史文、不論是元朝秘史或元史、（參考通報一九〇四年刊四三一頁、）以及當時的碑刻、祇知有 balqačïn 或 balqačï 的寫法、要是說他是八加赤、爲何將第二音刪除、又爲何用一種顎音（用加而不用合）去譯寫 -qa-(-gha-) 音呢、至若忽只則別見後文三一條、詔羅赤則見後文三九條。

註五　白鳥引證的卷三一之卷數有誤、我在本卷並未覓得相同的記載、他的誤引不止一點、他在後面（二二八頁第三九條）所引的是卷二九、然而卷二九亦不見其所引之文。

（九）必闍赤　其對音是 bijǎci(=? bičǎči<bičǎ' ǎči) 此言書記、這箇寫法也就是元史的寫法、白鳥對於此字的沿革略有說明、可並參考通報一九〇四年刊四三一頁、須要增加的尚有不少。

（十）孛兒札　就是 bu' uljar、或訂婚的宴飲、（參考通報一九三〇年刊二六頁。）

（十一）普塔失里　高麗王名、即梵語 Buddhaśrī 之對音、如答兒馬失里之對 Dharmaśrī、同古達麻失里之對 Gautamaśrī 者相同、中世紀時常用以 -śrī（西藏語作 -dpal 華言吉祥、回紇人同蒙古人所保存之 -śrī 則變爲 -širi）綴尾之佛教名稱、這是世人所知的事實。

（十二）塔剌赤　即是蒙古語之 daračï 此名出於 darasun 後一字此言酒、此名曾見元史、（參考通報一九〇四年刊四三一頁）其在高麗史中之塔剌赤、則爲人名。

（十三）達魯花赤　卽蒙古語之 darughačin、此是漢語通常譯寫的名稱、白鳥的解釋尤其是 darughačin（字根是 daru- 此言鎮壓）同 tarqan,darqan（達干）的比對似不足取。

（十四）益智禮普化　高麗王名白鳥還原作 Ijir-buqa、前半頗難有準、也可說他是 Ijil-buqa 。註六

註六　關於 ijil 者、可參考 Vladimircov 撰文、見 Doklady Ak. nauk, 1929. 289.

（十五）伊里干　即蒙古語之 irgän（亦兒堅、）此言人民。

（十六）怯怜口　此名常見於蒙古時代之中國史文、指的是一種私屬人、白鳥屏除元史語解所謬改的齊哩克昆(čärikkün 此言兵丁、）很有理由、可是他還原的 gär-ün kö'üt（此言家人、）也不能使人滿意、這件問題必須用一專文說明。

（十七）怯仇兒　即蒙古語之 kägül（元朝秘史作客古勒）此言辮髮、白鳥以爲就是後此（第二十條）姑姑等名之同名異譯、然而也不自然。

（十八）怯里馬赤　即蒙古時代之 kälämäči 、蒙古語寫作 kälämürči、此名甚古、曾在五世紀末年北魏語言中見之、（南齊書作乞萬眞）這件問題也應該作一

種特別研究、可參照通報一九三〇年刊四三九頁。

（十九）怯薛旦同怯薛歹　即是 käšiktän 同 käšiktäi 之對音、此言番直宿衞、除開白鳥所引諸證外尚應參照通報一九三〇年刊二七至二九頁

（二十）姑姑　高麗史中之姑姑、如同中國載籍中之姑姑等譯名、皆是漢譯蒙古語 boghtaq（孛黑塔）之稱、孛黑塔就是蒙古高級婦女的高冠、姑姑的原名尚未在一種古蒙古文中見過、白鳥說是 kükül 的音譯、同我在一九〇二年（遠東法國學校校刊第二卷一五〇頁）的主張一樣、然而我對於名稱姑姑的女子高冠同名稱 kägül（怯仇兒）的男子辮髮語源相同之說、不能相信。

（二一）闊端赤　這是一種宿衞的名稱、此名並見元史、（通報一九〇四年刊四三一頁）其原稱或者是 kötöčiu、不過這箇對音有點難題、因爲按照譯寫的對音、實在應對 kötölči 。

（二二）納麟哈剌　即是蒙古語之 narin-qara 、納麟此言便捷、哈剌此言黑、此名是忽必烈時常稱呼一箇幼年高麗人的名稱。

(二二三)那演 即是蒙古語之 noyan、此言貴人。

(二二四)奥魯 白鳥不應採取元史語解還原不對的 aul, ol(鄂勒、)奥魯之原名是 aghruq, oghruq、此言後帳、(行李輜重老弱婦女所處之所。)

(二二五)兀朶 即是 ordo 之對音、此言宮室。

(二二六)八思麻朶兒只、迷思監朶兒只、八禿麻朶兒只、 白鳥將這些高麗王名還原爲 'Phags-ma rDo-rje, Mi-šig-kams rDo-rǰe, Padma rDo-rǰe、最後一箇名稱不錯、可是在蒙古語中讀作 Baduma-dorji、第一箇名稱應是 'Phags-pa rDo-rǰe 而在蒙古語中讀作 Basma-dorǰi、註七 至若第二箇名稱、白鳥所還原的似乎不對、我以爲或者是 Mi-sgam rDo-rǰe 一類的寫法、(我並不因此主張 mi-sgam 供給一箇滿意的名稱、這不過是一箇理想的還原而已。)

註七 白鳥曾想到 'phags-pa (八思巴)的女性 'phags-ma、然而在此處不應有此、案元典章譯寫 'Phags-pa 爲八思麻、我以爲寧可視這箇 Basma 是純粹蒙古語的一種音聲變化。

(二二七)合必赤 (合字讀作哈)白鳥想將這箇固有名稱繫於 qarbu- 的字

根、此字根本意猶言引弓之引、並牽涉到與蒙古語相近的契丹字若稍瓦（šawa 此言鳥、蒙古語作 šiba'un）或陶里（tauli 此言兎、蒙古語作 taulai）之類。至若 Qabiči 的解釋、我以爲可疑。

（二八）合罕　即是蒙古語的 qaghan, qa'an、本條重再討論可汗(qaghan)可敦(qatun)可賀敦(qaghatun)諸名之起源、（然未說到可敦一名或出伊蘭語之說、可是此說也有疑義。）

（二九）哈里哈赤　此是高麗史中一人名、白鳥以爲此名原爲物名、乃從 qa'algha（此言外門）轉爲 qa'alghači 者、此或有其可能、然不應將 qa'algha 同 qalqan（此言楯）比對、因爲 qa'algha 是從 qa'a-（此言閉）轉出的、突厥語作 qawa-。

（三十）火尼赤　即是蒙古語之 qoniči、此言牧羊者、可參照通報一九〇四年刊四三一頁。

（三一）忽赤、忽只、火里赤、　即是蒙古語之 qorči 此言佩弓矢環衛之人、首二譯名雖然有點不能令人滿意、然必爲其對稱無疑、白鳥又引了些據說出於 qorčï 字根的字、如 qoriyan（此言城寨）之類、我以爲與此名無關、至若宋書魏虜傳之帶仗人胡洛眞其對音假定是 ghuraqčïn 或 'uraqčïn 者、我也以爲與 qorčïn 毫無關係。

（三二）胡刺赤　此名在高麗史中爲一箇婦女的名稱、白鳥以爲就是元史中之 qulaghačï 或 qulïghačï、（忽刺罕赤）此言捕盜者、可參照通報一九〇四年刊四三一頁、然或者非是、疑是從蒙古語 hula'an ulān（此言紅）所轉出的。

（三三）忽林赤　卽是蒙古語之 qurïmčï、此名在高麗史中爲一人名、白鳥以爲見有一箇出於 qurïm（此言宴會）之 qurïmčï 物名、此物名在蒙古文中未曾見過、此外這箇名稱、在蒙古時代常寫作 Qurumčï 同 Qurumšï、觀元朝秘史第二六三則所著錄的 Qurumšï 一名、好像在語源方面、僅指 Khwarezmien（花刺子模人）

（三四）時波赤　卽是蒙古語之 šibōčï(<šiba' učï)、元史作昔寶赤、此言飼鷹

人、可參照通報一九〇四年刊四三一頁。

（三五）速古赤　疑即蒙古語之 süğürči、此字出於 süğür、舊蒙古語作 šikür、此言織白鳥誤採元史語解之說以此名出於 šiğür（šüğür, šü'ür）、此言簾、關於 sükürči（速古兒赤）者可參照通報一九〇四年刊四三一頁、又 Blochet 蒙古史第二冊五三二頁、Laufer 前此（通報一九〇七年刊三九四頁）不能索解的 zu-gür-čhe、或者就是 süğürči 元史語解（卷八）僅對於元史卷一八〇之速古爾必闍赤一名改作實古爾筆且齊說實古爾簾也、筆且齊寫字也元史這箇名稱或者有誤原文或者是速古兒赤必闍赤脫赤字、或者簡單就是速古兒赤、元史語解又將速古兒赤解作掌織人、可是這種還原也有點奇怪、因爲元史（卷八〇同卷九九）兩言速古兒赤是掌香以主服御者、並未說到掌織。註八

註八　十四世紀時蒙古語之簾在華夷譯語中作 ši'ürgä、好像不能同 süğürči 比對。

（三六）察剌同察渾　這是兩種「盞兒」的名稱、在高麗史（卷八九）中同名曰只里麻、孛欒只、札思麻的「鍾子、」一並著錄、史文並云、「諸器名皆蒙古語也、」

白鳥以爲察剌就是蒙古語的 čara、頗有理由、（突厥語同滿洲語中亦有此字、）此字在今日大致指的是一種金屬大盆、可是在十四世紀時華夷譯語中則譯曰木盆、察渾也就是華夷譯語察渾阿牙哈（čaqun ayaqa）一名中之察渾（čaqun）、然而要討論這箇來歷不明的察渾、必須有詳細的說明、其餘諸名未經白鳥考訂者、其理想的對音、只里麻似是 ǰïlma、孛欒只似是 boroljï（或 böröljï）、札思麻似是 ǰasma、我對於這些名稱未作何種尋究。

（三七）設比兒　高麗史（卷八八）云、元子生、諸王百官皆賀、公主從者在門、凡入者褫其衣、謂之設比兒、白鳥以爲就是元史卷七七祭祀志所說的「射草狗」、帝后太子嬪妃併射者各解所服衣、以示脫災之意、我的意見同他一樣、可是設比兒理想的對音是 säbir、好像同蒙古語 čäbär（此言淨）沒有關係、而這箇 čäbär 同突厥語之 süpür 或 sipir（此言掃除）尤無關係 註九

註九　設比兒可以生子慶禮之一般禮節解之、而不必僅限於褫衣而已、元史卷七七云、「凡后妃妊身將及月辰、則移居于外氈帳房、若生皇子孫、則錫百官以金銀綵段、謂之撒答海、及彌月復還內寢、

其帳房則以頒賜近臣云」、撒答海（讀若 sadaqai）的原名我不知道、元史語解（卷二四）也不解此字而將他改爲色伯特（讀若 säbät）下註云「生子慶禮之物也」、此色伯特不幸我亦不解其義、不知道應否將此色伯特與設比兒兩名比對。

（三八）站赤　蒙古語作 ǰamči、就是驛傳之譯名、我在通報一九三〇年刊一九二至一九五頁、業已將其說明、白鳥在此處並引證有達呼爾（dahur）語之 gamin、同女眞言之「葛蠻」（見金史卷二四）這是將來應該討論的。

（三九）照羅赤同詔羅赤　除在高麗史中著錄外、白鳥並引證有熱河日記中之照羅赤、他將他還原爲 ǰaroči、以其出於 ǰaru、（此言役使）可是這種變化不是常例的變化、按照漢字的譯音說、其對音應假定是 ǰa'uroči, ǰauroči

（四十）只孫　蒙古語作 ǰisün 華言顏色、蒙古時代皇帝大宴羣臣、赴宴者衣冠皆一色、故名此宴曰只孫宴、所着之衣有用錦者、（納石失、nasiš＜nasij 參考亞洲報一九二七年刊下冊二六九至二七一頁、通報一九三〇年刊二〇三頁、）有用絨者、（怯綿里、kämärlik?）、註十 有用襴者、（寶里、bauri?）註十一 還加上一件綴大珠（tana 答納都、參照通報一九二九年刊一三〇頁、）或綴小珠（subut 速不都）的外套（答忽 daqu）白鳥將這些字完全解釋、並說明蒙古人在節慶中服色尚白。

註十　白鳥採元史語解（卷二四）改寫之克默爾里克（kämärlik）、可是此克默爾里克在今日是繡花綢緞之稱、同元史明言翦茸之意不合、而且怯綿里之對音應作 kämälik 或 kämällik、而不應作 kämärlik、復次觀此字的外表、好像近於突厥語、較近於蒙古語之處爲多、他的沿革尚須研究。

註十一　元史語解卷二四所改之布哩頁蘇、（büriyäsün 此言皮襖面）白鳥以爲是、可是布哩頁蘇猶言外套、在音義方面皆有不合、實里既是「服之有襴者」、我想或者是 ba'uri 一字之一種特用、此字本義猶言降落處、其字根爲 ba, u- 此言降落、則實里服似指降落甚下之服。

（四一）脫脫禾孫　此是一種管理驛站之官、其地位較驛令爲高、元史語解將其改爲 toqto-qos（托克托和斯、按和斯此言雙、）未免誕妄不經、白鳥主張將其還原爲 toqtoghosun、較近眞相、然無證明、（也可想到是 totoghosun 或 totghosun。

（四二）禿魯花　此言質子、並推廣以名一種宿衛、白鳥採元史語解所改之圖魯格、(tülüga 此言代替、)並研究此字在突厥語同蒙古語中之沿革、殊不知元史語解錯誤、禿魯花就是突厥語之 turghaq 、而經蒙古語借用者、可參照通報一九三〇年刊二二九至三〇頁。

(四三)亐丹赤同于達赤　白鳥以爲這兩箇見於高麗史的名稱、就是元史玉典赤之異譯、質言之、蒙古語的 ä, üdänči ödänči 、此言司門人、用此名比對亐丹赤、倒有點像、可是不能比對于達赤。

節而言之、白鳥所研究的這些字、多半已見元史、同元代其他撰述。有些其他名稱、雖然多少有點訛譯、可是不難還原、還有幾箇字、在蒙古語言學中很有關係、比方察渾(čaqun)一直到現在、僅見於字書、茲可證明此字之存在、又如設比兒(säbir)只里麻(jïlma)孛欒只(boroljï)札思麻(jasma)這些字、皆是從前未見過的新字、我們在若干解釋方面、雖然與白鳥之說不同、可是我們對於他所鳩集的材料應該表示一種滿意。

南家

見亞洲報一九一三年刊上册四六〇至四六六頁伯希和撰

十三四世紀蒙古朝代的時候、波斯的史家同 Marco Polo 等、常名中國南方同他的居民曰 Manzi、這箇名稱世人久已識其爲漢語蠻子兩字之對音、由最近刊行的元典章所載的詔令、可以證明當時在白話裏面、常稱中國南方的居民曰蠻子。可是在蠻子一名以外、Rachid ed-Din 還用一箇同名異稱的 Nankiās (Nangiās)、並特謂這就是蒙古人名稱漢語名曰蠻子的地方之稱、阿爾美尼亞 (Arménia) 的史家 Kirakos、是歿於一二七二年的人、他誌有一二五八至一二五九年蒙哥汗 (Mängü-khan) 遠征 Nangas 民族之國之事、國民圖書館所藏的回紇漢語合璧字書、著錄有 Nangkiya、漢語對譯曰「蠻」、現代的蒙古人尚用 Nangkiyas 或 Nangkiyad 的名稱以指漢人、此二字在文法方面當然可以視爲複數。

我記得世人對於 Nankiās 或 Nangkiyas 的解釋、祇有 Rockhill 在他刊行的 Guillaume de Rubrouck 行記、說 Nankiās 疑是南國的對稱、然而我以爲還有一種很明白的解釋、從前難保無人想到、既然 Nankiās-Nangkirys 尾上之 s 大概是一箇複數的表示、而明代的回漢字書（鈞案疑爲華夷譯語）著錄有箇 Nang-kiya 的名稱、我們敢預言皆是南家兩字之對音、這箇南字一直到十四世紀時因然單讀爲 nam 、但是與喉音的家字相接、也能夠使他變爲 nan 或 naṅ 之音。

這種解釋我雖覺得明瞭、然而我從前未敢提出、因爲南家的名稱、在理論上固近眞相、可是未見證實之文、或者是因爲白話史文很少的緣故、但是在元典章裏面、中國南方之白話的名稱、確名蠻子、而這箇蠻子名稱並不少見、最近我檢三朝北盟會編、才發現有這箇南家名稱、這部大著作共有二百五十卷、是一一九〇年徐夢莘（一一二四至一二〇五）所撰、所採集的皆是關於一一一七年至一一六一年宋金和戰之重要史文、其中有若干是迻載當時白話的、我們即在其中見有南家的名稱、有一條見三朝北盟會編卷二〇二、其所錄一一四〇年汪若海劄子、中有降金之北方漢人名宋人曰南家、然最明瞭之例、則見於同書卷二十二所引之茅齋自叙、當一一二五年終時、宋遣使臣馬擴等赴粘罕軍前、擴歸記其事、題曰茅齋自叙、此文泰半採入三朝北盟會編、其中所記粘罕之語有云、「你說得也煞好、只是傭南家說話多梢空」註云「謂虛誑爲梢空」當時粘罕所說的必不是漢語、可是馬擴記下來的必是北方降金的漢人翻譯的漢語、可見當時在中國北方稱呼南方曰南家、嗣後蒙古時代的 Nankiās 、也應該作同樣的解釋。

由上述的解釋、可以發生別一結果、元典章之文、同 Rachided-Din, Marco Polo 等的記述、既然說十三世紀的漢語白話名稱中國南方曰蠻子、而不曰南家、可是當時的蒙古人又於蠻子一名以外、適用 Nankiās-Nangkiyas 的名稱、則應承認他們在成吉思汗建國以前、業已認識這箇名稱、縱不然也是承襲前人的了、這些前人祇能說是金人、十二世紀中國史文之南家、與十三世紀蒙古語之 Nangkiyas 之相同、好像可以證明南家就是迄今未識的而金人所稱宋人的名稱、蒙古人在語言同文化一方面所得於突厥人的固然不少、所得於女眞人的恐怕也多、一直到忽必烈即位之時、可以說蒙古人所認識的中國同漢制、就是金人採用的漢制、如此看來、蒙古人用女眞人稱呼漢人的名稱毫無可異的地方了。

復次我以爲好像應該在同一方面去求滿洲人稱呼漢人的名稱、滿洲人之名漢人、單數曰 Nikan、複數曰 Nikasa、考 Zakharov 的字典、說 Nikan 之語源就是「漢」、我且以爲滿洲語複數的 Nikasa、就是女眞蒙古語複數的 Nankias-Nangkiyas、滿洲語的單數 Nikn、好像就是從這箇複數變化而來的。

中國載籍中之賓童龍

見河內遠東法國學校校刊第三卷六四九至六五四頁伯希和撰

中國載籍中之 Pāṇḍuraṅga 、譯寫的名稱不一、有奔陀浪、賓陀羅、賓頭狼、賓同隴、賓瞳朧、賓陁陵、賓瞳龍、賓童龍、邦都耶等等譯名。

（一）最古著錄賓童龍的史文、據我所知就是十世紀纂修的舊唐書、卷一九七、據說水眞臘東接奔陀浪州。

按柬埔寨（Cambodge）之分爲水眞臘陸眞臘、最早不能在七〇五年以前、最晚不得在唐亡以後、質言之不得在九〇六年以後、要在此二年代之間。

（二）宋史（十四世紀時纂修）好像有四段著錄賓童龍之文、不過譯寫的名稱共有三種。

卷五本紀云、至道三年（九九七）二月壬戌大食（Arabes）國賓同隴國同入貢。

卷四八九占城（Champa）傳云、南去三佛齊（Palembang）五日程陸行至賓陀羅國一月程、其國隸占城焉。

卷七八九注輦(Cola)傳云、一〇一五年時注輦貢使行至三佛齊國、又行十八晝夜度蠻山水口、歷天竺山、至賓頭狼山、望東西王母家、距舟所將百里。又行二十晝夜、度羊山、九星山、至廣州之琵琶州。

卷四九〇大食傳云、至道三年(九九七)二月又與賓同隴國使來朝。

(三)除開正史以外、還有幾種宋代撰述、也著錄有賓童龍國、一一七八年刊周去非嶺外代答卷二云、其屬有賓瞳朧國、賓陁陵國、註一 目連(Mahāmaudgalyāyana)舍基在賓陁陵、或云即王舍城(Rājagrha)。

註一 賓瞳朧與賓陁陵好像是同名異譯。

(四)十三世紀趙汝适所撰的諸蕃志卷上賓瞳龍傳云、賓瞳龍國地主首飾衣服與占城同、以葵蓋屋、木作栅護、歲貢方物於占城、今羅漢中有賓頭盧 Pindola 尊者、蓋指此地言之、賓瞳龍音訛也、或云目連舍基尚存、雍熙四年(九八七)註二 同大食國來貢方物。

註二　案賓童龍入貢之年實在九九七年、諸蕃志或者誤記十年、因為宋史同文獻通考皆著錄有九九七年之貢使、並未言有九八七年之貢使、而且諸蕃志所言之貢使亦是同大食國使同來之貢使、故疑其誤。

（五）文獻通考卷三三二同卷三三九所記賓童龍事、與前引宋史卷四八九所記兩條之文同、我們不能說通考轉錄宋史之文、因為通考進呈之年是一三一九年、此時修宋史的脫脫年紀尚幼、可是也不能說宋史轉錄通考、疑此二書所本之來源相同。

（六）十八世紀纂修的明史卷三二四賓童龍傳云、賓童龍國與占城接壤、或言如來入舍衛（Śravasti）國乞食、即其地、氣候草木人物風土大類占城、惟遭喪能持服、葬以僻地、設齋禮佛、婚姻偶合、酋出入乘象或馬、從者百餘人、前後讚唱、民編茅覆屋、貨用金銀花布、有崑崙山。（Poulo-Condore）云云

明史同卷又云、一四八一年占城王古來遣使朝貢、言安南破臣國、時故王弟槃羅茶悅逃居佛靈山、比天使齎封誥至、已為賊人執去、臣與兄齋亞麻弗菴潛竄山谷、後賊

人畏懼天威、遣人訪覓臣兄、還以故地、然自邦都郎至占臘（Cambodge）止五處、云云。

明史同卷又云、一五〇五年古來卒、子沙古卜洛請封、禮部請令廣東守臣移文占城勘報、既而封事久不行、一五一〇年沙古卜洛又入貢請封。命李貫等往封、貫等憚行、復設詞言、占城自古來被逐後、竄居赤坎邦都郎、國非舊疆、勢不可往云云。

（七）十五世紀初年鄭和奉使南海時、也知有其地、隨從鄭和的有馬觀同費信、撰有兩部行記、一部是一四一六年的瀛涯勝覽、一部是一四三六年的星槎勝覽、手邊無前一書、茲錄星槎勝覽之文如後、（鈞案瀛涯勝覽無賓童龍條）

瀛涯勝覽卷一賓童龍條云、其國隸與占城山地接連、有雙溪、澗水澄清、佛書所云舍衛乞食即其地也、目連所居遺址尚存、人物風土草木氣候與占城大同小異、惟喪禮之事能扶孝服、設佛事而度死、擇僻地而葬之、婚姻偶合、情義不忘、終乖人倫理、尸蠻頭者比占城之害尤甚、民多置廟、牲血祭之、求禱、酋長出入或象或馬、一如占城、王扮略同、從者前後百餘人、執盾讚唱曰亞日僕、地產棋楠（calambac）香、象牙、貨用金銀花布之屬、民下編茅覆屋而居、亦如占城、異其食啖、行止狀貌可笑可嗟矣。

（八）黃省曾的西洋朝貢典錄卷上占城條云、其國之隸有賓童龍國、其地與占城相接、其國有雙溪之澗、水極澄澈、有目連遺址、其居喪之事有三、一曰縞服、二曰設佛事薦死、三日擇地而葬、婚姻偶合、是多屍致魚之妖、民咸廟祀之以禳、其酋長出入從以百人、讚唱曰亞曰僕、其衣服民族與占城同。

鈞案此後尚引有王圻三才圖會人物篇卷十二一條、亦是節錄前人記載之文、茲略、宋史注輦傳中之西王母冢、疑即 Poulo-Condore、此島在宋時應已有崑崙山之名、或因山名崑崙、遂以西王母冢在此處、又考新唐書地理志卷四三下賈耽道里中有奔陀浪洲與舊唐書譯名同、則亦爲賓童龍、此地今名潘籠(Phanrang)在安南中圻南境。

南海中之波斯

見亞洲報一九二一年刊下册二七九至二九三頁費瑯撰

波斯一名是 Pārsa 古名的漢譯名稱、註一 但在幾條漢文記載中所說的波斯、實非西亞的波斯、洛費爾 Laufer 在他的「支那伊蘭」(Sino-Iranica)裏面、曾爲確定的說明、則應該考究此東亞波斯的方位在今何地。

註一 Rockhill 在他的中國貿易交通考中、曾將島夷志略的百條標題舉出、其第七十六條之波斯離傳、Rockhill 未曾翻譯、然僅謂其爲 Persia(波斯)、若是這種考訂、爲本傳之文所證實、則波斯離顯爲波離斯之訛、玄奘譯波斯爲波剌斯之例、可以證之。

日本僧人元開所撰唐戒師鑑眞在七四二年從中國赴日本傳戒的行記、說廣州「江中有婆羅門波斯崑崙等舶不知其數、」註二 八六〇年的蠻書卷六、說有一地名曰大銀孔、此地好像就在暹羅灣中、大銀孔下文云、婆羅門「波斯闍婆(Java)勃泥(Bornéo)崑崙數種外道交易之處、」註三 一五五〇年楊愼所撰的南詔野史、說一一〇三年驃（緬甸）波斯崑崙等三國獻白象及香物於大理王、註四 蠻書卷十又有一條、說「驃國在永昌南二千里 註五 七十五日程、……亦與波斯婆羅門鄰接、西去舍利城二十日程 註六

註二　關於此文者、可參考我的大食波斯突厥文地誌及行記、第二册六四〇頁、我在崑崙及南海古代航行考一文中、（見亞洲報第十一類第十三册二三九至三三三頁又四三一至四九二頁、第十四册五至六八又二〇一至二四一頁、）業已研究過這箇崑崙問題、所以不在此處贅言。

註三　伯希和在交廣印度兩道考（見遠東法國學校校刊第四卷二八七頁註二）引證蠻書此條、曾將婆羅門譯作印度、案同一文並見太平御覽卷九八一所引的南夷志據說這些種族在南詔以珍珠寶石交易金子同麝香、（見支那伊蘭四六九頁）

註四　見 Sainson 一九〇四年譯文一〇一頁、譯者譯波斯作 Perse（西亞的波斯。）

註五　伯希和曾說（見兩道考一七二頁）根據十世紀末年所撰的太平寰宇記、所引魏（二二〇至二六五）晉（二六五至四一九）人撰西南異方志同南中八郡志謂傳聞永昌西南三千里有驃國、（鈞案尙引有後漢書卷一一六哀牢夷傳註廣志之剽國。）

註六　洛費爾亦以婆羅門爲 Brāhmaṇa 之對音。

蠻書的舍利城、必定是舊唐書卷一九七舍利佛城之省稱。舊唐書云、此城（就是現在的 Prome、梵文的 Çrikṣetra、緬文寫作的 Serekhettarā、緬語讀作的 Thayekhettayā、「相傳本是舍利佛（Çāriputra）城。」（鈞案此文並見冊府元龜卷九五七、太平御覽卷七八九太平寰宇記卷一七七、唐會要卷一百、通考卷三三〇、新唐書相對之文有誤、）伯希和（兩道考一七五頁）曾說緬人以舍利佛（緬文寫作 Sariputtarā 讀若 Thayiputtayā）爲他們的 Sarekhettarā（讀若 Thayekhettayā）城之神、沒有甚麼奇怪、賴有這種考訂、我們可以解說蠻書卷十驃國「與波斯婆羅門鄰接西去舍利城二十日程」一文

鑑眞行記說廣州江中有婆羅門波斯崑崙等船不知其數、蠻書卷六說這三國的人在暹羅灣中貿易、南詔野史說驃波斯崑崙三國入貢於雲南的大理王、此三文所著錄的三國很可注意、前二文皆作婆羅門、而在南詔野史中獨作驃國、這箇驃國同婆羅門從前彼此必是鄰國、而在十六世紀合併、所以南詔野史統名之

曰驃國。

漢譯婆羅門一名、就是世人所習知梵文 brāhmaṇa 之對音、此名常指婆羅門衆之國、質言之印度、伯希和之解蠻書卷六之文、高楠順次郎之解鑑眞行記、皆作此解、可是蠻書卷十之文則不能作此解、案婆羅門三字、尤可對 Baraman, Barman, Braman 或 Balaman, Balman, Blaman 等字之音、其中的 Braman 洽可譯寫緬甸人自稱其國爲 Mran-mā 之名、惟加鼻音收聲而已（可參考 Hobson-Jobson 的緬甸 Burma 條、）以 m- 發聲對古讀若 bwa 之漢文婆字、固然不大很對、可是我們要知道葡萄牙諸旅行家（Duarte Barbosa, F. M. Pinto, Gaspar Correa, Joas de Barros, Diogo de Couto; 參照上引 Hobson-Jobson 的緬甸條）所聽的 Mran-mā 是 Berma, brema, Brama 等音、英國人所聽的也是 Barma（出處同前）這就是近代 Burma 名稱之所本、Linschoten（Itinerario, éd. H. Kern, t. I, 1910, p. 84）則寫作 Brama、這類歐洲人用淸唇發聲譯寫緬甸語 m- 之例、舉不勝舉、如此看來、婆羅門三字中之婆羅等若 Bra- 即等若緬甸語之

Mra-、與歐洲人譯寫之音完全相合、沒有一人聽見過 Mran- 之齒鼻音、註七 則不能謂中國人之研求音聲不能優於前述諸人、漢譯用門字譯寫緬語之 -mā、固非正例、可也不難解釋、這箇 a 字尾音、或者發音時帶有鼻音、然比較近似之說、應如下說、從前聽見的 Bram-mā（Mran-mā）、與梵文的 brāhmaṇa 既很相近、由是中國人乃用這箇梵名習用的譯名、以名此地、Mran-mā 比對婆羅門之理、似乎在此。註八

註七 Hobson-Jobson 的緬甸條曾說 Mran-mā 大致讀若 Bam-mā 所以歐洲人譯寫其發聲皆用一種淸唇音、Meillet 曾告訴我說、這種互用在印度歐羅巴系語言之中是正例的、比方梵文之 brávīti、卽等若 avesta 語中之 mravīti、可以證之。

註八 用譯寫梵文 brāhmaṇa 的婆羅門、譯寫 Mran-mā 在若干行記中也發生點作用、比方 Hobson-Jobson 所引的 Mandelslo 行記、說白古（Pégou）國王有一隊衛兵是婆羅門（原文卽作 Brahmans）、是其一例。

緬甸文寫作 Mran-mā 之寫法、久已讀若 Myan-mā、這就是十二世紀初年中國

譯名緬字之所本、據讀史方輿紀要（卷一一九）一一〇四年緬國初遣使至中國、註九 緬同婆羅門的原名是一樣、不過一是譯寫字面、一是譯寫十二世紀中的譯音、我並不因此主張八六〇年樊綽撰蠻書的時候、Mran-mā 的寫法就代表當時的發音、我們對於古緬甸語認識太不分明、不能確定這箇 r 字在當時是讀捲舌音、抑已業已變爲 y 音、註十 至若漢文譯寫緬字的問題、提出的方法不是一樣、十四世紀時這種音聲變化必已完成甚久、我們可以一一〇四年入貢的緬國名稱、同馬可波羅（Marco Polo）的 Mien 爲證、至治（一三二一至一三二三）初年撰的皇元征緬錄、即用這箇緬字作標題、兪貝（E. Huber）曾考究其中漢譯的緬文名稱、常轉錄緬文的寫體、註十一 比方阿眞國或阿占國、元史類編作安正國、代表緬文的 Nga-čañ-kôu 此地今名 Singu 或 Nga-Singu、又若木連城、元史類編作迷郞崇、代表一三六六年一石刻中之 Mran-čhông、此名今日寫作 Mran-čǒ'ng、讀若 Myin-saing、註十二 此處又可證明婆羅門代表的是 Mran-mā、而緬字比對的雖是 Mranmā 的寫體、而代表的可是 Myanmā 或 Myammā 的讀音。

註九　伯希和在兩道考一五七頁註三中曾說此年貢使未見宋史著錄。

註十　梵語由 r 變 y 之時、不易定在何時、中國譯寫的成績因有下述的原因、不能明白解決這件問題、僧伽婆羅（Siṅghabaṭa）義淨（參考烈維 Sylvan Lévi 撰大孔雀經藥叉名錄輿地考亞洲報一九一五年刊第五册三十頁以後、）玄奘（西域記譯文第二册梵名索引五〇三頁以後）等之譯法、常將 Xry 類發聲字之 r 譯出、比方大孔雀經中三十一頌 Brahma 之 brah、僧伽譯作婆羅、三十二頌 Prabhañjanaḥ 之 pra、僧伽譯作波羅、（參照三十四頌、五十五頌、八十八頌、九十二頌、義淨在五十五頌中譯作鉢喇、）四十八頌 Priyadarçanaḥ 之 pri、僧伽譯作比里、三十四頌 Trigupto 之 tri、僧伽譯作底里、（參照八十八頌、）八十九頌 Drāuiḍe 之 dra、僧伽譯作陀羅、（義淨作達、案達字古讀若 dadh、代用作 dar）一〇四頌 Grāmaghose 之 Grāma、義淨譯作伽藍、（等若 guram）玄奘之梵語、較前此二人為優、其譯法如下、çrī 作室利、（譯本五〇四頁二三至二六號、）çrāvaṇa 之 çrā 作室羅、（同頁二十七號、並參照二十八同二十九號、）Brahmā 之 brah 作梵覽、（五〇五頁二十一號、）Krōça 之 krō 作拘盧、（五〇九頁四號、）Prayāga 之 pra 作鉢羅、（五二四頁二九號、）Drāviḍa 之 drā 作達羅、（古讀若 dal-la）

（五二九頁三號）Tāmraliptī 作咀摩栗底、栗字古有齒音收聲、這箇譯名的原名疑是巴利（pāli）語或梵文俗語（prākrit）名如 Tāmaliti 之類、（法顯作多摩梨帝）義淨則作耽摩立底、（見沙畹譯求法高僧傳七一頁）立字古讀若 lәp、則所本者應是梵文雅語名稱惟 -mra- 中之 r 未譯其音、宋時 xry 類之譯法、有時作 xy、有時作 xyly、比方諸蕃志中譯 Trĕngganu 作登牙儂、Tāmbralinga 作單馬令、而對於 Grahi 則作加羅希、譯法不一之例是已。

前在註五裏面說過、魏時（二二〇至二六五）的西南異方志寫作剽、（鈞案西南異方志應是廣志之誤、）此字亦寫作驃、這就是緬人古名、代表的好像是從前稱霸於 Prome 的 Pyū 族、此 Pyū 字在近代緬語中寫作 Prū、（參照伯希和兩道考一六五頁、）如此看來、從前中國的譯名、在一未定時代、譯寫的是讀若 Pyū 之 Prū、我箇人以為在魏時 r 尚未變化為 y、質言之三世紀時譯寫用的剽驃二字、所代表的是 Prū 而非 Pyū、同義淨的耽摩立底、趙汝适的登牙儂單馬令的譯例一樣、我的感覺如此、不敢說是業已證明之說、因為案照我們現在的知識、不能將他完全證明、可是這種漢緬發音的問題、也要緬學家同漢學家知道。

註十一　參照一九一九年遠東法國學校校刊六七四頁註二越南半島研究第五篇蒲甘（Pagan）王朝

之末世。

註十二　緬語原名皆作 Mrań、而漢語譯作木連或迷郎者、大概是因爲有一種 pĕpĕt（就是純粹馬來羣島語之不規則的韻母、）所以中國人讀若 merań 或 mŏrań、隨便拿一箇韻母替代（參考我的崑崙及南海古代航行考亞洲報第十一類第十三册二八四至二八五頁、）我在這篇研究裏面早應該引證 Brandstetter 所撰馬來羣島音聲研究一文、據說這種不規則的韻母、可以隨便互換爲 a,i,u,e,o、普通馬來羣島語謂杖爲 tĕkĕn、在 makassar 語作 takkań、在 dayak 語作 token、在 tagal 語作 tikin 普通馬來羣島語謂六爲 ĕnĕm、而在 toba 語作 onom、在台灣若干方言中作 unum（Die Lauterscheinungen in den Indonesischen Sprachen, Lucerne, 1915, p. 39: Das PĕPĕt-Gesetz）上面兩箇例子、還有一表示、就是中國人在實際上將各種鼻音混而爲一、比方緬語 Mrań 是喉鼻音、漢語兩箇譯名、一用迷郎從其喉鼻音、一用木連誤爲齒鼻音。

比對 Mranmā 之婆羅門國、核以蠻書之文、應在祿郫江（Irawadi）左岸、古驃國或 Prome 之南及東南、同白古（Pégou）之北、此國在九世紀下半葉時、必爲得楞種（Talaings）、或猛種（Mōns）所據、此得楞種在七四二年滅驃國、驃國之緬人北遷、而立國於蒲甘（Pagan）、（約在七五〇至一二八〇年間、）註十三 婆羅門與波斯既與驃國或 Prome 鄰接、則波斯應在婆羅門之西、河之右岸、驃國之南及西南、考波斯二字漢語古讀若 Pwa-sö、在實際上應代表 Pasi 或 Pase 之對音。

註十三 參考印度志（Imperial Gazetteer of India）省志類緬甸志第一册二九二頁。

案在 Cap Nagrais 入海之 Bassein 水左岸、北緯十六度四十六分間、有 Bassein 城、中世紀最古時代早已知有此城、猛種古年曆謂六二五年時此 Bassein 城之三十二城、皆在此地新設的白古國之內、註十四 十一世紀時白古國為蒲甘之緬人所侵併、分其地為三省、一為 Martaban 、一為 Dala、其同名之省會昔在祿郡江口、仰光（Rangoon）對面、一為 Bassein、註十五 此 Bassein 名稱之緬語現代寫法根據 A. Judson 之緬語辭典、（Calcutta 一八二六年刊本二一八頁）作 Pathin、又根據 St. Andrew St. John 之緬語讀本、（Oxford 一九〇四年刊本二一二六頁）作 Puthin、此國在「水晶宮內所編王史」（Hman-nan Yazavin）之中見於十三世紀之紀錄、這篇歷史曾經俞貝翻譯、註十六「Temple 上校以爲此城在一七八〇年前未曾存在、此說是錯誤的（見「印度古物」第二十二册二〇頁、又見 Hobson-Jobson 的 Bassein 條、）同一學者又說他的現代緬語名稱、是 Puthein 通常變化的 Pathein、而其寫法作 Pusim 或 Pusin、猛語的讀法、視方言而異、或作 Pasem 或作 Pasim（並見印度古物第二十二册十九頁、又據印度志省志類緬甸志、（Calcutta 一九〇八年刊本第一册三二一頁）則作 Pathein。

註十四　緬甸志三二一頁。

註十五　參考俞貝撰越南半島研究第五編蒲甘王朝之末世、一九一九年遠東法國學校校刊六二七頁

註一、

註十六　同前註六五六頁。

代表 Pesi 或 Pase 之漢譯波斯名稱、除鼻音收聲略異外、洽可比對猛語或緬語 Bassein 之名稱、吾人以此解釋蠻書之文、在地理同音聲方面、可以視爲滿足、而且緬人同猛人是些有經驗的水手、則在廣州江中（鑑眞行記）同暹羅灣中（蠻書）

見有婆羅門波斯船舶、亦無足異。上引二文同南詔野史中與婆羅門波斯並言之崑崙、應是他們的鄰人、就是在歹夷(Thai)未南下以前、居留暹羅南部 Menam 下流之種族、好像就是猛種、註十七 可是這一件問題還沒有完。

註七 參考伯希和兩道考二三〇至二三一頁。

又據洛費爾所輯其他中國載籍著錄波斯之文、(支那伊蘭四七〇至四八七頁、)諸文時代最古者、上溯至於晉時、(二六五至四一九)這些記載大致可以分爲三類、一類是關係波斯方位者、一類是關係波斯衣服者、一類是關係波斯特產植物同語言者。

方位 據五二七年前或晉人撰的廣志說、波斯在南海中、據一一七八年的嶺外代答說、「西南海上波斯國、」據十六世紀的本草綱目說、「波斯西南夷國名也。」

衣服 九九二年朝貢中國的闍婆使臣、「其飾服之狀與嘗來波斯相類、」(見宋史卷四八九、)波斯人頭戴方布、下圍都縵(saron)(見一〇八〇年九輿志、)兩手鈴以金串、縵身以青花布、(見一一七八年的嶺外代答、並見一二二五年的諸蕃志。)

特產植物　波斯的特產植物如下。

乳香生南海、是波斯松脂、（見五二七年前或晉人撰的廣志、八世紀的海藥本草、一〇九〇年的本草別說）

從 Styrax benjoin 同 Cuminum cyminum 產出的安息香、（見海藥本草、鈞案本草綱目卷三十四云、安息香生南海波斯國、以下各條多見本草綱目卷三十四五兩卷之中。）

縮砂蔤、就是 Amomum villosum, xanthioides、（見八世紀的南海藥譜、）案漢語譯名本於梵文 sukṣmailā、就是 Elettaria cardamomum 可參考遠東法國學校校刊一九〇三年刊四六六頁。

婆羅得或婆羅勒、就是 Semecarpus anacardium、漢語譯名本於梵文的 bhallātaka、（出處同前。）

紫鉚就是英語的 gum-lac 或 stick-lac、（見酉陽雜俎卷十八、此書的撰人歿於八六三年。）

偏核桃出蘇門答剌東岸之占卑國(Jambi)、波斯人取食之、(見八七五年的北戶錄。)

龍腦香、就是 Dryobalanops aromatica、(見酉陽雜俎卷十八。)

蓽茇、就是 Piper longum、(見唐本草。)

補骨脂、就是 Psoralea corylifolia、(見九六八至九七六年間的開寶本草。)

柯樹、一名木奴、廣志云、生廣南山谷、波斯人用以造船、案此柯樹就是 Quercus cuspidata、(本草綱目卷三五引。)

波斯礬　晉人撰廣州記說波斯出金線礬、(見本草綱目卷十一引。)

波斯語言　酉陽雜俎卷十六說、波斯人名象牙曰白暗、名犀角曰黑暗、洛費爾以爲就是恆河東方幾種語言中 bak-am 同 kak-am 或 het-am 之對音、其意猶言白黑、與漢語譯名音義皆合、我以爲還有別一解、也可主張白黑兩字似非譯音、僅有「暗」一字獨爲譯音、其原意似訓牙角骨、若說有一種語言僅名象牙爲白、犀角爲黑、未免很難想到有這種語言、註十八 可是我也要附帶聲明者、我還不知道西部馬來羣島系語、猛吉蔑系語、(mon-Khmèr) 西藏緬甸系語中、有一箇寓有牙角骨意義的 am 可證吾說。

註六　宋史闍婆傳說古爪哇語謂牙爲家囉、(見伯希和兩道考三一〇頁)不幸這箇家囉尙未能還原、馬來羣島中皆名象牙曰 gadiṅ、宋史之文好像錯了。

坪井熊藏(鈎案原作 Tsuboi Kumazo、不知是否此四字、)在第十二次東方語言學家公會報告(羅馬一八九九年第二册一二一頁)中、曾將日本所保存十二世紀初年的一種文件(Kōdanšō)中之波斯語數目字轉錄如下。

1	sasaa, sasaka	9	sa-i-bira, sa-i-mi-ra
2	toa	10	sararo, šararo
3	naka, maka	20	toaro
4	namuha(nampa)	30	akaro, akafuro
5	rima(lima)	40	hiha-furo
6	namu	100	sasarato, sasaratu

7 toku, tomu　　1000 sasaho, sasahu

8 jembira, gemmira

除開蠻書記載之外、關於波斯方位的中國記載過於空泛、不能使人位置此國於恆河東方或馬來羣島之何地、說此國人拳髮黑身、（嶺外代答）頭戴方布、腰圍都縵、手鈴金串、也不能考訂其爲何國人、因爲南海一代許多人民皆有這種形貌服飾、洛費爾君雖然也是箇植物學者、他所研究的波斯國特產植物、也不能將其指定爲何國、祇有日本文件所保存的十五箇波斯語數目字、表示的很明白、這些字皆是假諸馬來系中馬來羣島西部一種方言者、Florenz 曾經認識、並已告訴坪井。

列述的事實如此、而其所表現之紛歧、很難調合、蠻書所言的波斯、在 Martaban 灣中、所代表的好像是 Pathin（Bassein）可是日本文件所著錄的、顯然是馬來語系的數目字、古吉蔑語（Khmèr）（現在吉蔑語用的是暹羅數目字）同猛語、自有其數目字、與馬來語數目字不同、至在恆河以東大陸、占波（Čampa）語同幾種野人方言之中、其數目字與馬來語固有密切之關係、但不能謂波斯就是占波、尤其不能說是我們越南半島野人部落之一種、東方波斯的問題已經曖昧不明、乃上引諸史文所指的東方波斯不止一處、尤使此問題更加複雜、我想應作下解、波斯在一定場合中指的是 Martaban 灣中之 Pathin（Bassein）、在其他場合中則應比對一種純粹馬來方言所稱之 Pasi 或 Pase、坪井熊藏當然想到蘇門答剌東北岸之 Pasè、祗有這箇地名恰合波斯之古讀、此地所說的是一種馬來方言、則應該主張此種考訂、洛費爾所輯的幾條中國記載、可以參證此說、波斯出產安息香（海藥本草）龍腦香（酉陽雜俎）蓽茇（唐本草）、波斯國人在蘇門答剌東岸的占卑國採食一種偏核桃（北戶錄）這些指示很可適用於蘇門答剌之一地、在勃泥固也產龍腦香、在爪哇也產蓽茇、就在別處也有這些出產、可是一地並產安息香龍腦香蓽茇諸物、則祗能說是蘇門答剌之特產。

如此看來、此用純粹馬來數目字、而其名稱漢譯作波斯之國、似應考訂為蘇門答剌東北岸之 Pasè Blagden 在他的諸蕃志譯文評論之中、雖未實在屏棄這種考訂、可是他以為這箇海港在一一七八年前尚不知其存在、註十九 這一說雖然不應輕視、可不能算是定識、馬來羣島的古地理、我們現在還不甚明瞭、Coedès 曾經說明室利佛逝（Çrivijaya）國在八世紀時曾發展國勢至於馬來半島、這是 Vieṅ Sa 碑文刊布以前世人決未想到的事情、註二十 若是一種中國古史文表示某國或某種之存在、或其海上活動、如果考訂中國的譯音確實、雖然在別種文字中未見同樣著錄、我們不能因此將他屏棄、波斯等若 Pasè 的情形、我以為如此、其對音完全相合、其特產植物亦屬此地之特產、更加以日本所保存的波斯語數目字、尤可參證此說。

註十九　見一九一三年刊王家亞洲協會報（Journ. R. A. Soc., p. 186）

註二十　見一九一八年刊遠東法國學校校刊第六分中之室利佛逝國考、並參照一九一九年刊亞洲報第十四冊一四九至二〇〇頁、我對於此文之報告、我在此處曾裒輯自四世紀迄十四世紀末年關於此國之記錄。

我的調查同討論暫止於此、將來可以再將洛費爾所輯之文重行研究、或者還可加些新文、曾經洛費爾君證明的一種事實、就是這一箇漢譯波斯名稱、同西方波斯完全無涉、我鑑別這類記載、尋出了兩箇波斯、一箇在緬甸、一箇在蘇門答剌、這種同名異地之例、不足爲奇、因爲恆河以東各地同馬來羣島、不幸有不少同名或幾近同名的地名、而使中國地理學家難以分別者、在猛語的 Pathin (Bassein) 同蘇門答剌東北岸的 Pasè、以外、勃泥爪哇彭家 (Banka) 諸島皆有些地方名稱 Pasir、除開他的尾音收聲外、在一定限度中也可說是波斯譯名的對音、將來一種詳細的研究、或可將這些同名異地相隣而極不相同諸國分別出來。註二一

註二一　就事實說、島夷志略第七十六條的波斯、雖恰可代表 Pasir 之對音。

葉調斯調與爪哇

亞洲報一九一六年刊下册五一一至五三二頁費瑯撰

伯希和云、據後漢書卷六「永建六年（一三一）十二月、（則在一三二年初）日南徼外葉調國撣國遣使貢獻、」註引東觀紀註一曰「葉調王遣使師會詣闕貢獻、以師會爲漢歸義葉調邑君、賜其君紫綬、」又考後漢書卷一一六云「順帝永建六年、日南徼外葉調王便遣使貢獻、帝賜調便金印紫綬。」註二

註一　東觀紀或東觀漢紀、就是東漢時（二五至二二〇）諸著作家繼續編纂的一大部著作、全書散佚已久、至十八世紀下半葉始輯殘文爲武英殿本、此條見輯本卷三。（伯希和註）

註二　上文並見伯希和撰八世紀末年交廣印度兩道考、（以後省稱兩道考、）見安南河內遠東法國學校校刊（以後省稱校刊）第四册、一九〇四年刊二六六頁。

伯希和云、葉調之葉字、今讀如葉（ye）、亦偶讀若攝（chö）、這兩箇讀法皆有唇音收聲、註三則其可能還原的對音爲 çap 或 jap、（法文之j、）抑爲 ǰap、（讀若

djap）至若讀若葉的對音 yap、在理論上爲可能、然在事實上還未見有確例、註四又若調字在調達（Devadatta）一名之中見之、則其對音爲齒音聲母、附以 i 或 e 音韻母、又輔以半韻母之唇音、如 tiv 或 tev 與 div 或 dev 是已、註五就音聲言、將葉調還原爲 Yap-div、而此名等若古爪哇語（Kawi）之 Yawadwipa、又等若梵語之 Yavadvipa 是很有理由而不能非駁的考訂。

註三　見校刊兩道考二六七頁。

註四　兩道考刊行在一九〇四年、十年以後、伯希和在一要文之中、（漢譯那先比丘經中諸名考、見亞洲報第十一類第四冊、一九一四年刊四〇二頁及四一一頁、會指明 yap 音也是同一字之古讀。

註五　見校刊兩道考二六八頁。

太平御覽引南州異物志註六曰、「斯調國有火洲、在南海中、其土有野火、春夏自生、秋冬自死」云云。註七

註六　南州異物志萬震撰、震三世紀時人、（見兩道考二七七頁註二）

註七　鈞案此條並見太平御覽卷八二〇、同三國志魏志卷四。

證類本草卷一三引異物志云「木有摩廚、生自斯調、厥汁肥潤、其澤如膏、馨香穓射、可以煎熬、彼州之人、仰以爲儲、斯調國名也。」上面兩條異物志是勞費（Berthold Laufer）所檢出、註八勞費以爲斯調必是葉調之誤、註九他採用上述伯希和還原的音讀、並說「設若能夠證明摩廚是一箇爪哇（Java）名稱的譯音、（他又說或者就是）將爲考訂斯調即爲葉調之一種頗有關係的貢獻。」註十

註八　見所撰火浣布與火鼠考、見通報一九一五年刊三五一及三七三頁。

註九　同前三五一頁、伯希和曾說、（見兩道考三五七頁註一）「關於斯調者、尤應參考太平御覽卷七八七、同沙畹（見亞洲報一九〇三年刊下册五三一頁）所檢出洛陽伽藍記卷四之文、其並爲伽藍記著錄之女調、並見太平御覽卷七九〇、」伯希和在兩道考（三五七頁）同後來在通報（一九一二年刊四六三頁）一篇評論中、曾爲附有不少條件之建議、以爲康泰（三世紀）扶南土俗傳中之斯調、就是梵文俗語之 Sihadipa、亦即梵文雅語之 Simhadvipa 今之錫蘭、

(Ceylan)可是我以爲斯調既有摩廚、似不能以其地爲錫蘭、而應以勞費之改正爲是。

註十　見通報一九一五年刊三七三頁。

我對於勞費之疑問、可作肯定之答復、摩廚二字在音聲方面、可對 majo 或 maju、則摩廚代表一種讀若 majo 之植物名稱、這箇名稱不難在爪哇語中尋出、爪哇有箇果名 mājā、讀若 mojo、亦名 maja、就是 aegle marmelos、曾因 Mājāpahit(讀若 Mojopahit)或 Majapahit(寫作 mojo)國名 註十一 而著名、註十二 此 mājā 在馬來語中亦見有之、Favre 馬來語與法語字典 māja 條云、「樹名及其果名、果味甚烈、馬來人別之爲兩種、一種爲普通 māja、一種爲苦 māja pahit、爪哇古都 Majapahit(或 Mojopahit)即以後者爲名、」註十三 我們現在所言之國與馬來地方沒有關係、改作葉調的斯調之摩廚、就是 Yap-div、也就是古爪哇語的 Yawadwīpa 同梵語的 Yavadwīpa 所產之 mājā、質言之、爪哇所產之摩廚、如此看來、勞費之改正、在任何方面皆有理由、此種比對、在本身上已有關係、然而對於伯希和之說、還有提出一種新證之重要結果、根據後漢書的記載、一二三年時已有爪哇之著錄、則在 Ptolémée 記錄 Iabadiou 之前、中國人既在紀元二世紀時知有一箇 Yavadvipa、其爲爪哇無疑、並無須乎重再尋究這箇 Iabadiou 是爪哇抑是蘇門答剌、後漢書同南州異物志皆已明白肯定、皆指的是爪哇大島。註十四

註十一　鈞案此國名元史作麻喏八歇、島夷志略作門遮把逸、瀛涯勝覽作滿者伯夷。

註十二　可參考費瑯撰十三世紀至十八世紀關於遠東之大食波斯突厥地誌行紀一九一四年刊第二册六五三頁。

註十三　見馬來語與法語字典第二册三二六頁。

註十四　鈞案費瑯後在蘇門答剌古國考中、則主張其在蘇門答剌。

伯希和云、中國載籍說三世紀至七世紀中葉占種（Čam）註十五 王朝姓范、有若干大將同使臣亦冠此姓、案范姓是中國的姓氏、很難說此處的范姓是無故加之於占種的、抑是隱伏有一箇土人的名稱的、前一假定我不以爲然、可是七世紀中葉建設新王朝者亦用一箇中國姓、說姓諸葛、九八六年國王劉繼宗的姓、也是一箇中國最

流行的姓、……反之、觀今日旅居中國的歐洲人冠用中國姓的習慣、好像是適應土名、宋代有幾箇占王姓楊、此楊字顯爲占語 yāṅ 之對音無疑、此字猶言「神」、此范姓不常著錄、有時用之、有時不用、或者將此姓加於眞名之上、而視其爲占王之姓、一直到王朝變遷之時、始承認此姓滅亡、三世紀時中國載籍也說扶南（古柬埔塞 Cambodge）國王姓范、（以上並見校刊第三册二九一至二九三頁、）扶南碑文欠缺、不能說中國人是否採用一種土人習慣、惟在占波（Čampa）、其碑文並未著錄國王名號之中有一與范字相類之名、中國人時常將一箇外國人的本籍國名、作爲其人之姓、此事世人業已知之、（以上見校刊第三册二五二頁）既然沒有很好的答解、我以爲他們在此處取一階級名稱爲姓、有些地方、如眞臘中天竺等國史文說國王姓刹帝利（kṣatriya）、（參考校刊第二册一一三頁、新唐書卷二二一上、）所以梁書（卷五四）說林邑諸大姓號婆羅門、（Brahmā）此名已成爲印度之同名異稱、常用「梵」字譯寫、范字在此處是否爲婆羅門之對稱、是否故意用此中國所用之姓以代舊稱呢、這箇假定薄弱、可是我沒有其他假定可能用以解說中國人

用同一姓以名占波王同扶南王之理。註十六

註十五　鈎案即史之林邑、環王、占城、占波。

註十六　見兩道考一九四頁註二。

馬司帛洛（Georges Maspero）在他的佳作占波史中、引了這一段、並說、「我同Finot 以為范字僅為 Varnan 之對音、註十七 因為王名後皆有此字、所以中國人將他當作姓。」註十八

註十七　Barth 云、Punnāgavarman 在此處猶言「一箇保護人類之龍」(nāga) 其語源必是出於虛擬、這些用 varman 的名稱、是些表示物主的複名、其意猶言「以某神為保護者」久之 varman 似變為一種姓、比方 Vīravarman 似應譯作「為一英雄之 Varman」、Udayādityavarman 似應譯作「為一朝日之 varman」、Jayavīravarman 似應譯作「為一得勝英雄之 Varman」、又如 Punnāgavarman 之意、祇能為「強如一龍之 varman」、或「受龍之保護者」、可參照最罕簡而常見的 Nāgavarman 名稱、（柬埔寨梵文碑銘見「考證摘錄」第二十七卷第一分第一冊一三三頁註四。）

註十八　見占波史通報一九一〇年刊三三四頁註二。

此後一解釋、我以爲不錯、可以用作後漢書關於葉調的一段之解釋、案 varman 在南海羣島、一如在占波同古柬埔寨等地、常在稱號中用之、宋書曾說四三五年闍婆達國王師黎婆達陁阿羅跋摩遣使入貢、此王名疑爲古爪哇語之 Çri-Bhaṭāra-Dwara-Warman、梵語之 Çri-Bhaṭṭāra-Dvara-Varman、梁書干陁利傳說五〇二年後、王死、子毗邪跋摩立、註十九 五一九年遣長史毗員跋摩奉表獻方物、此王同使臣的名稱、後面二字亦爲 varman 之對音。

註十九　文獻通考作毗針邪跋摩、則其原名必是 Vijyavarman、梁書之名特爲省譯耳。

伯希和云、別有一條中國史文說、同年（七二四）以其王（尸利佛誓 Palembaṅ）尸利陁羅跋摩（Çrīndravarman?）爲左威衛大將軍。」註二十

註二十　見南道考三三五頁、我以爲王名似應作 Çrīdharavarman。

宋史（卷四八九）三佛齊（Palembaṅ）傳云、一〇〇三年其王思離朱囉無尼佛麻調華（Çridulamaṇivarmadeva）註二一 遣使入貢。

註二一 鈞案此處原作者對於此名如何還原曾有一條註釋、惟尙未將原名考出、茲依其後在蘇門答剌古國考所考之名補入原註從略。

案闍婆達即是爪哇、干陁利相傳在今之浡淋邦（Palembaṅ）、然不能必其爲是、尸利佛誓亦作室利佛逝、就是義淨金剛智貫耽等之佛逝、後之三佛齊、大食人地志中之 Sribuza、也是浡淋邦、由是可見 varman 位在名尾、南海與占波柬埔寨之習慣皆同、至若爪哇、並未將此習慣維持、因爲爪哇古詩 Nāgarakrētāgama 同爪哇世系 Pararaton 皆未著錄有用此名尾之王名、前引中國載籍之文、皆在此二書之前、

註二二 對於此點可有完全肯定、並經在爪哇所發現的碑文所證實。註二三

註二三 爪哇古詩是一三六五年時所撰、爪哇世系的撰年是一六一三年、然後一書所記載之事、皆屬一二一二至一四八一年之事。

註二四 參考 Abel Bergaigne 撰占波梵文碑銘、見考證摘錄第一分二〇五頁註一。

據後漢書之文、一三二年入貢之葉調王名便按照 Stanislas Julien 所撰之「中國載籍中所見梵名之通譯方法」此便字曾用以譯寫 vyañjana 中之 vyañ、

（第一五一七條）同 abhyanta 中之 bhyan、（第一四一八條）Sylvain Lévi 曾對我說、便字確實對音為 wien、得為 varman 之省譯、與范字同、則王便就是一箇以 varman 為王名尾稱之國王、同占波諸王名一樣。註二四

註二四　後漢書卷一一六之文、註引劉攽曰、後一調字是衍文、伯希和的譯文乃將後一調字刪除、（兩道考二六六頁註五）我覺得劉攽之說或者有誤、我們現在知道便字等若 varman、調字也可等若 deva、則調便應等若 devavarman、或者就是此爪哇王的原稱。

勞費曾告余云、後魏（三八六至五三四）時人撰齊民要術卷十、引有南州異物志一條、與證類本草所引之文略異、其文曰、「木有摩廚、生于斯調國、其汁肥潤、其澤如脂膏、馨香馥郁、可以煎熬食物、香美如中國用油、」茲特補誌於此

蘇門答剌島名之最古記錄

亞洲報一九一七年刊上册三三一至三三五頁　費瑯撰

宋史卷四八九有三佛齊傳、三佛齊就是蘇門答剌（Sumatra）東南的浡淋邦（Palembañ）、傳文有一段說。

「天禧元年（一〇一七）、其王霞遲蘇勿吒蒲迷遣使蒲謀西等奉金字表、貢眞珠、象牙、梵夾經、崑崙奴、詔許謁會靈觀、遊太凊寺、金明池、及還、賜其國詔書禮物。註一

註一　此文格倫維德（Groeneveldt）有譯文、見所撰馬來羣島與滿剌加考、此文在越南與印度洋羣島雜載第二類第一册、一八八七年刊本一九〇頁。

格倫維德對於霞遲蘇勿吒蒲迷七字、祇譯其音、並未考究爲何地、史萊格（Schlegel）曾將他還原作 Hadji Subhutha bhumi、頭尾雖不錯、可是中間三箇字錯了。按霞遲的對音是古爪哇語（kawi）的 Haji、亦作 Aji、此言國王、蒲迷古爪哇語同梵語皆作 bhūmi、爪哇 Java 語同巽他 Sunda 語皆作 bumi、馬來 Malais

語作 būmi 此言地、蘇勿吒第一字應等若 su 註二 第二字應等若 mu、註三 至若第三箇吒字在羅吒和羅一名梵文俗語的 Rāṭṭhapāla 同梵文雅語的 Rāṣṭrapāla 裏面則對 ṭha 同 ṭra、註四 還有同吒字音同而字異的咤和侘兩字在蘇刺咤梵文俗語 Suraṭṭha 同梵文雅語 Surāṣṭra 兩對稱裏面可以對 ṭṭha 同 ṭra、註五 又在摩訶刺侘梵文俗語 Mahāraṭṭha 同梵文雅語 Mahārāṣṭra 裏面對音亦同、註六 還有一箇音同字異的荼字在梵文雅語 Puṇḍravardhana 同 Puṇḍrakakṣa 兩名的 Puṇḍra 與梵文俗語的 Puṇḍa 之中則將他來代替清腦音、註七 根據上面所引諸例看來、吒字應對梵文俗語之 ṭha 同雅語之 ṭra、蘇勿吒的對稱、應該是俗語的 Sumuṭa 同雅語的 Sumutra、將這霞遲蘇勿吒蒲迷七字的譯名完全還原應該是 Haji Sumuṭabhūmi 或 Haji Sumuṭrabhūmi、猶言蘇勿吒地王、在音聲一方面這種解釋是不能非駁的、但是他還表現有別一興趣。

註二　可參考日玉連(S. Julien)所撰的中國載籍中所見梵名之通譯方法、第一六三六條、同以後諸條、又伯希和(P. Pelliot)撰西藏名稱之幾種漢譯一文、見一九一五年刊通報九頁。

註三　可參考註二所引日玉連之書、第二二一五同第二二一六條。

註四　可參考伯希和撰那先比丘經中諸名考一文、見亞洲報一九一四年刊四〇八頁附註一。

註五　可參考日玉連譯大唐西域記第二冊一八五八年版五二八頁。

註六　出處同前、別有一段、（同五二〇頁）玄奘譯寫 Abhayadaṃṣṭra 爲阿跋耶登瑟折羅、關於吒字比對梵文雅語 ṭa 音的別種例子、可參考亞洲報一九一五年一二月合刊十九至一三八頁、大孔雀經藥叉名錄第一、第九、第一五、第一八、第四四、第四六、第六八、第七一、第七五、第七七、第九四諸頌、又第二七頌僧伽婆羅(Saṅghabhara)所譯孔雀經將 Kuṭadaṃṣṭro 寫作矩多瀉娑多羅、則以古讀若 ṭa 之多譯寫梵文之 ṭ、（並參照伯希和撰那先比丘經中諸名考三九八頁、）可是烈維(S. Lévi)在同一文中三六頁附註說、「僧伽婆羅好像是一箇不高明的梵文學者同印度學者」、此處譯法不對、又添了一種證明了。

註七　可參照伯希和撰交廣印度兩道考三八〇頁。

這箇「蘇勿吒(Sumutra)地、」當然同北緯五度附近本島東北岸同一名稱的古國註八毫無關係、因爲君臨南緯三度渟淋邦的國王用這箇名稱表示他是此國的上邦、是意中必無之事、若以爲他在中國用這箇名稱、亦無此理、因爲使臣是三佛齊國所遣、何此看來、霞遲蘇勿吒蒲迷、指的應是蘇勿吒全島之王、若說歷史眞相如此、倒有點可疑因爲我們別無旁證、浡淋邦國王單獨的聲稱、不能算是一件切實證據、十三世紀時、趙汝适的諸蕃志曾說三佛齊國「間於眞臘(Cambodge)闍婆(Java)之間、管州十有五、」後面所列舉的十五箇屬國、有遠在馬來半島同錫蘭(Ceylan)島的、可是這種記載也不能盡信、祇能說三佛齊有若干屬國、這大概就是蘇勿吒地王一名之所本。

註八 關於這箇 Sumutra 城的考證、可參考鄙撰大食波斯突厥地誌行記、第二冊一九一四年版索引此名條下。

這箇王號祇在宋史一〇一七年貢使表文中一見、幸而宋史將他保存、因爲此文證明在十一世紀初年、全島皆名蘇勿吒的事實、到了一三六五年時、古爪哇語古頌 Nāgarakrĕtāgama 的作者、明指全島曰 Tanah ri Malayu、此言「末羅瑜地」、

註九 僅在後一世紀、方有同一意義的 Sumutra 名稱、見於大食人 Sidi Ali 的記

錄、註十 我又在一四六二年大食人 Šihāb ad-dīn Aḥmad ibn Mājid 所撰的詩文中、見有 Sumuṭra 島一名、註十一 以上所引的皆是 Vasco de Gama 到印度洋、以前的東方史料。

註九 可參考鄙撰「地誌行記」（註八引）第二册六五二頁。

註十 可參考鄙撰「地誌行記」第二册四八四至五四一頁。

註十一 見巴黎國民圖書館阿剌畢（Arabe）鈔本第二二九二號。

根據前引諸文的證明、蘇門答剌島在十一世紀初年、在馬可波羅(Marco Polo)東行前約三百年時、中國人業已知道他名稱 Sumuṭa = Sumuṭra、在葡萄牙初抵印度洋羣島時、大食航海家業已知道他名稱 Šumaṭra 了。

瀛涯勝覽中之麒麟

亞洲報一九一八年刊下册一五五至一五八頁　費瑯 G. Ferrand 撰

諸蕃志（一二二五年刊）卷上有弼琶囉國此國就是大食人所稱的 Barbara 現在阿丹（Aden）灣中瑣馬里（Çomali）沿岸的 Berbera、諸蕃志弼琶囉國傳有云、

「獸名徂蠟、註一狀如駱駝、而大如牛、色黃、前脚高五尺、後低三尺、頭高向上、皮厚一寸。」

註一　希爾特（Hirth）同羅克希耳（Rockhill）合譯諸蕃志譯本、說徂蠟廣東人讀若 ts'o-lap、就是長頸鹿（girafe）中國譯名是出於波斯名稱 zurnāpā 的、其在阿剌畢語（Arabie）中則作 zurāfa 云云、按徂蠟就是祖剌法（見後）的省譯、此確是阿剌畢語 zurāfa 的正確譯音、阿剌畢語固然也有 zarāfa 一名、然而譯名所本的就是前一名稱的對音、波斯語的 zurnāpā、猶言「笛足」（波斯語名足曰 pā）蓋隱喻此獸之足細而長、是阿剌畢語 zurāfa 的波斯語的俗

稱末了這點考證是 C. Huart 告訴我的。

一四二五至一四三二年間馬觀所撰的瀛涯勝覽第十六條阿丹國傳中有一段說到福鹿註二以後、又云。

「麒麟前足高九尺餘、後足六尺餘、項長頭昂至一丈六尺、傍耳生二短肉角、牛尾鹿身、食粟豆餅餌。」註三

註二　福鹿的對音也是本於瑣馬里語的 faro、可參考亞洲報一九一四年刊下册一五七至一六〇頁、鄙撰明史花福祿考一文、此獸就是斑馬(zèbre)。

註三　此條羅克希耳有譯文見一九一五年刊通報六〇九頁、「十四世紀中國與東方羣島及印度洋沿岸之交通貿易考。」

一四三六年費信所撰的星槎勝覽第四十條天方國(La Mekke)傳有云、

「祖剌法、註四 豹、麂、馬有八尺高者名爲天馬、……其國王臣深感天朝使至、加額頂天、以方物獅子麒麟、註五 貢於廷。」

註四　星槎勝覽第三十八條佐法兒國傳亦云「地產祖剌法、」佐法兒就是阿剌畢南岸的 Zafar、可

參照註三引文六一四頁。

註五　註三引文六二〇及六二一頁中有譯文、所說的當然是輸入天方的長頸鹿。

一五二〇年黃省曾所撰的西洋朝貢典錄第二十二條阿丹國傳有云、

「其足前高九尺、後高六尺、蹄三跆、匾口而長頸、奮首高一丈六尺、首昂後低、二肉角、牛尾而鹿身、其名曰麒麟。」　註六

註六　並參照註三引文六〇九頁附註三、西洋朝貢典錄原著者在序中曾說、「余乃摭拾譯人之言若星槎瀛涯鍼位編約之。」

明史卷三二六外國列傳中的阿丹國傳、也著錄有獸曰麒麟。

綜考前引諸文所說的長頸鹿、有兩種不同的譯名、一種是徂蠟（見諸蕃志、）祖剌法（見星槎勝覽、）是出於阿剌畢語 zurāfa 的、一種是麒麟（見瀛涯勝覽西洋朝貢典錄明史）按麒麟是一種世人所熟知的華語獨角神獸名稱、可是按照上引諸文的詳細記載、絕不能說就是這箇神話動物、此處所說的、必定也是長頸鹿、瀛涯勝覽並說此獸有二肉角、足證其是。

我從前考出福鹿的對音是瑣馬里語的 faro、現在考證這箇麒麟也是出於東非洲同一語言的、因爲瑣馬里語東部諸方言中名曰 giri、北部諸方言中名曰 géri、(F. Hunter 所撰的瑣馬里語文法一八八〇年版、一六八頁、hal-geri 下註云"giraffe, cameleopard" 我在一八八五年非洲通訊匯刊五一二頁所撰瑣馬里文法一文中、也說 géri 是 girafe、Leo Reinisch 所撰瑣馬里語一九〇二年刊第二册、字典部一七六頁、同我的說明是一樣、又在二〇三頁說 halgiri 是"girafe, camelopardalis") giri 同 géri 譯作華語麒麟二字之音很對、不過加了一點收聲的鼻音、必定是因爲這兩箇讀音相類、而又想到神話中的麒麟、所以便將張冠李戴了、這箇鼻音收聲、可以這箇民俗語源解釋。

諸蕃志弼琶囉傳用徂蠟名稱、好像有點奇怪、因爲弼琶囉是阿丹灣中瑣馬里的一箇海港、應該用土語的麒麟、似不應該用大食語的徂蠟、可是我們要知道趙汝适所聞海國之事、多出於阿剌畢的水手、告訴他此獸名稱的人、必定也是他們、就在阿剌畢本國的阿丹港內、從前同現在尚有不少瑣馬里的移民、長頸鹿既然從鄰近的瑣馬里輸入、馬觀在阿丹聽見瑣馬里語的名稱亦不足爲異、由是麒麟一名從瀛涯勝覽轉載於西洋朝貢典錄、復又轉載於明史。

眞臘風土記補註

見河內遠東法國學校刊第十八卷第九分四至九頁　戈岱司（G. Coedès）撰

一二九六年周達觀隨使柬埔寨、(Cambodge) 記所聞見、撰此眞臘風土記、其中誌有若干吉蔑(Khmèr)語名、艾莫涅(Aymonier)同芬諾 (Finot) 在伯希和譯文中註釋的已有不少、（見遠東法國學校校刊第二卷一二三頁以後、鈞案此篇業已轉爲漢文載入史地叢考二編、）我想在若干點上加以補註、並提出幾種新說。

查南　佛村　干傍　譯文一三八至一三九頁

總敍條云、「自港口北行、順水可半月、抵其地曰查南、乃其屬郡也、又自查南換小舟、順水可十餘日、過半路村佛村、渡淡洋、(Tonlé-Sap)可抵其地曰干傍、取城五十里、」艾莫涅君（一三八頁註九）曾提出查南即是 Kompoṅ Čhnaṅ 的考訂、然而伯希和寧取考訂在 Phnom-Pén 之說、據說「半月抵查南、又須十餘日到 Siemrap 河口、Kompoṅ Čhnaṅ 或者距離使臣所欲到達之地不遠、我們很難將半路村佛村位置在 Kompoṅ Čhnaṅ 同湖口之間、設若我們將查南位置在 Quatre-Bras 方面、則無難題、半路村可以說是 Kompoṅ Čhnaṅ、而佛村或者就是從前佛教發達的 Babor 地方、」

我以爲縱然在音聲方面不能比對、取前後文看起來、不能不將查南位置在 Kompoṅ Čhnaṅ、周達觀從中國來時、必定是在東北信風之時、所以入港適當淺水時期、縱在淺水時期、也無在 Phnom Pén 換小舟之任何理由、因爲海中大舟在任何季候之時、可以在湖的支流之上航行、至若在 Kompoṅ Čhnaṅ 渡口、情形便不同了、此處水淺的時候、水深時常祇有幾公分、實有換小舟之必要、周達觀旅行之時、應在海口同湖口航行最速之時、可也是湖口航行最難之時、曾經旅行這些地方之人、見周達觀從海口至 Kompoṅ Čhnaṅ 需時半月、而到 Aṅkor 河口則需十餘日、必不引以爲異。

伯希和所提出的別一難題、也不難解決、「渡淡洋」並不是說從湖口到 Aṅkor 河口直接渡過、並不停舟、好像當時船行之路、同現在的航路大致相同、先沿湖南岸行、至於 Porsat、然後渡湖、直抵 Phnom Krom、查南既在 Kompoṅ Čhnaṅ 則半路村同佛村可以位置在湖之南岸、而不應位置在前一地方與湖口之間、（而且也無處可以位置）我以爲應將佛村位置在 Porsat、此地之正確名稱就是 Pothisat（此言菩薩 Bodhisattva）

干傍顯然是 kompoṅ 之譯寫的對音、此言「堤岸馬頭」伯希和以爲僅用這箇名稱專指一地、很覺得奇怪、可是這種用法並不足奇、柬埔寨語言的習慣自周達觀時代以來、不應大有變更、設若有人在路上遇見從 Udoṅ 到 Kompoṅ Lūoṅ 的柬埔寨人、若是用習慣用語問他、你往那裏去、（tou na?）十箇人之中或者有一箇人答應說往 Kompoṅ Lūoṅ 去、而十人中必有九人說往 Kompoṅ 去、周達觀等登岸的 Kompoṅ、不論還有一箇甚麼特別名稱、必定船人答復譯人說船已到了 Kompoṅ 而此普通名稱遂被認作一箇地名。

暗丁八殺 譯文一四七頁

服飾條云「新唐人雖打兩頭花布、人亦不敢罪之、以其暗丁八殺故也、暗丁八殺、不識體例也。」

芬諾註云、暗丁爲 mīn tīng (讀若 mēn dēng)、此言「不識、」八殺之對音似爲 bhāṣā 此言「語言、」至若用以表示法律習慣的獨一箇字、則爲 cbap、可是與八殺之對音不符。

八殺之對音確是 bhāṣā、此字本意固訓語言、可轉訓爲舉動、此種轉訓在現代吉蔑語中我尚未見過、可是在暹羅語中保存、Pallegoix 字典 phasá (=bhāṣā) 條下曾譯其義云「語言、方言、舉動、裝束、」並引有下例、如 phasá dĕk 猶言「兒童舉動、」mai rụ chak phasá 猶言「毫無所知、」周達觀所誌之譯語、應同後一語相對。

廝辣的 譯文一四八頁 官屬條云、「金傘柄以上官皆呼爲巴丁、或呼暗丁、銀柄傘者呼爲廝辣的。」

附註說巴丁就是古吉蔑語之 mratan(或 mratĕn) 這種考訂完全是對的、至若廝辣的的註云「未詳、」我以爲就是梵語之 çreṣthin、此字好像是 varaṅçreṣṭha 的對稱、此言「階級首領、」

苧姑 譯文一四八頁

三教條云、「爲僧者呼爲苧姑。」

芬諾註云、此或是暹羅語之 chau 同 khru = guru 兩字結合而成的。案古暹羅名佛教僧人曰 chao ku、業經十七世紀的旅行家同暹羅的載籍所證明、此名確是一箇暹羅名稱、至若 ku 字、是第一位代名詞、不是由 guru 轉出的。如此看來、十三世紀末年時、柬埔寨僧人的名稱用的是一箇純粹歹(Thai)語的名稱、此事之重要、伯希和業已說過（譯文一三二頁又一四八頁註六。）

陳家蘭 譯文一五二頁

人物條云、「其下供內中出入之役者、呼爲陳家蘭。」

迦巴童（Cabaton）以爲就是 sreṅkia 之對音、此言宮女、艾莫涅則以其中含有 ghlang 一字、此言王倉、亦常訓爲宮廷。迦巴童的註釋是對的、漢文的譯音就是代表 sreṅkia（確應作 srĕiṅka）梵文寫法 çriṅgāra 之對音、此字原訓「裝飾」或「愛情、」柬埔寨人曾用爲 srĕi（此言女子）之形容詞、或通指美女或特指國王的宮嬪。

吃賴 譯文一五七頁

語言條云「呼舅爲吃賴、姑夫亦呼爲吃賴。」

此字似爲 khlai 一字之譯音、此字實指一種親屬關係、在 Aṅkor vat 碑文之中常見有之、艾莫涅會在一碑中譯其意爲婿、又在別一碑中譯其意爲媳、我未敢以爲是我以爲 khlai 一字是 thlai 一字之古稱、後一字今訓爲姻兄弟或姻姊妹、周達觀記中謂吃賴爲舅爲姑夫、則指的皆是父之姻兄弟、如果譯人沒有誤會、則應該假定 khlai 一字自是以後意義業已變化了。

挨藍 譯文一六〇頁

時序條云「八月則挨藍、挨藍者舞也。」

案吉蔑語中惟一訓爲跳舞之字、不論在碑文之中、或在近代語中、皆作 rāṃ、顧藍字在大孔雀經藥叉名錄 (Grāmaghoṣa 一名之中、即以 rāṃ 對藍、足證挨藍指此。

包稜角 譯文一九七頁

醞釀條云、「又其次以米或以剩飯爲之、名曰包稜角、蓋包稜角者米也。」艾莫湼以爲稜角就是古吉蔑語 ranko（今作 anka 之對音、此言去糠米、所註甚是、至若包字我以爲就是 bahnar 語同 stieng 語中之 por、此言「飯」「粥」、在近代吉蔑語中、則謂粥爲 pabar。案釀酒既須米熟（或發酵）米酒當然以熟飯爲名。

占城史料補遺

見河內遠東法國學校校刊第十四卷第九分八至四三頁　鄂盧梭 Aurousseau 撰

馬司帛洛(Georges Maspero)現將他在一九一〇至一九一三年通報中所撰的占波國考(Le Royaume de Champa)輯爲單行本、註一並附有一篇很有功用之歷史的與考古學的索引。

註一　鈞案此書業已在民十七年初轉爲漢文題曰占婆史前年原著者又將此書增補重刊新本。

這部著作表現一種偉大工作的成績、這是我們應該承認的、馬司帛洛爲此曾苦心鳩集整理關於占波之地方碑文同外國史料、我現在僅對於後者有所補充、就眞相言、外國史文、尤其是中國載籍、所供給的材料最可寶貴、並最豐贍、若是沒有此種史料、僅據占語碑文同吉蔑語(Khmer)的記事、這部占波史就很簡略了。

以前有些人、如伯希和等、曾將中國載籍中關於占波的記載引證了若干條、可是馬司帛洛說「這僅僅是些淺薄的摘錄、應該將中國載籍中關於占波之文與同偶然插入的記載、一概鳩集、不可遺漏一種、這是我所注意之事、」馬司帛洛雖有此意、好像未竟全功、復次他手邊並沒有關係占波之一切中國載籍、其中有很重要的皆未引舉、茲將其目列下。

（一）林邑記（五世紀末年）
（二）水經注（五二七年）
（三）島夷志略（一三四九年）
（四）安南棄守本末（一四〇四至一四三一年）
（五）瀛涯勝覽（十五世紀初年）
（六）星槎勝覽（一四三六年）
（七）明一統志（一四六一年）
（八）西洋朝貢典錄（一五二〇年）
（九）越嶠書（一五五二年）
（十）四夷考（一五六四年）

（十一）東西洋考（一六一八年）

（一）林邑記　此記的撰者迄今尚未詳爲何人、看他的標題同他的內容、撰時好像在五世紀末年、其殘文現在散見於水經注、說郛（卷六二）、東西洋考、圖書集成邊裔典等書之中、在別的類書裏面檢尋、或者還有殘文、我現在將我所檢出的錄次於下。

水經注卷三六引林邑記

「城（區粟）去林邑步道四百餘里、……其城治二水之間、三方際山、南北瞰水、東西澗浦流湊城下、城西折十角、周圍六里一百七十步、東西度六百五十步、甎城二丈、上起甎牆一丈、開方隙孔、甎上倚板、板上五重層閣、閣上架屋、屋上架樓、樓高者七八丈、下者五六丈、城開十三門、凡宮殿南向、屋宇二千一百餘間、市居周繞、阻峭地險、故林邑兵器戰具悉在區粟、多城壘、自林邑范胡達註二始秦餘徙民、染同夷化、日南舊風變易俱盡、巢棲樹宿、負郭接山、榛棘蒲薄、騰林拂雲、幽煙冥緬、非生人所安。」

註二　其在位時約在四世紀末年。

「盡紘滄之徼遠、極流服之無外、地濱滄海、衆國津逕、……浦通銅鼓、外越安定黃岡、心〇……」

「外越紀粟望都、紀粟出浦陽渡便州、至典由渡故縣、至咸驩、咸驩屬九眞、咸驩已南、麞麂滿岡、鳴咆命疇、警嘯聒野、孔雀飛翔、蔽日籠山、渡治口至九德、……九德九夷所極、故以名郡。」

「義熙九年（四一三）交趾太守杜慧度造九眞水口、與林邑王范胡達戰、擒斬胡達二子、註三 虜獲百餘人、胡達遁、五月、慧度自九眞水歷都粟浦、復襲九眞長圍、跨山重栅斷浦、驅象前鋒、接刃城下、連日交戰、殺傷乃退。」

註三　一經廬叢書本作一子。

「松原以西、鳥獸馴良、不知畏弓、寡婦孤居、散髮至老、南移之嶺、崪不踰仞、倉庚懷春於其北、翡翠熙景乎其南、雖嚶讙接響、城隔殊非、獨步難遊、俗姓塗分故也。」

「渡比景至朱吾、……屈都夷也、……」

「漢置九郡、儋耳預焉、民好徒跣、耳廣垂以爲飾、雖男女褻露不以爲羞、暑褻薄日、自使人黑、積習成常、以黑爲美、離騷所謂玄國矣。」

「建武十九年（四三）馬援樹兩銅柱于象林南界、與西屠國分、漢之南疆也、土人以其流寓、號曰馬流、世稱漢子孫也。」

水經注卷三七引林邑記曰、

「自交趾南行、都官塞浦出馬。」

說郛卷六二引林邑記曰

「桄榔樹大圍丈餘、高十餘丈、皮似青銅、節如斑竹、下本不大、上末不小、遠近爲林、千萬若一、森秀無柯、端頂有葉、其葉芾條派開破、仰望沙沙如彈蘘蕉於竹杪、風至獨動、似舉羽扇之掃天、葉下繫數房、房綴十數子、家有數百樹、雲疎如墜繩也。」

「西南遠界有靈鷲、能知吉凶、覘人將死、食屍肉盡乃去、家人取骨燒爲灰、投之于水。」

「飛魚翼如蟬、飛則淩雲、沉泳海底。」

「延袤六十里、土多香木金寶、物產大抵與交趾同、以磚爲城、蜃炭塗之、皆開北戸以向日、或東西無定、……」

「王范文鑄銅爲牛、銅屋行宮。……」

「林邑王明達 註四 獻金鋼指環。……」

註四　迄今尚未知有林邑王名叫明達者、此人應是四〇〇年前後的林邑王范佛(Bhadravarman I)之嗣王、其漢譯名不一、晉書作范達、范胡達、范湖達、梁書作范須達、又益以此處林邑記之范明達、不知何者何是。

「從林邑往金山三十餘里、遠望金山嵯峨而赤城照曜似天潤、壑谷中亦有生金、形如虫豸、細者似蒼蠅、大者若蜂蟬、夜行燿光如螢火」

「王范文先是奴、初牧牛澗中、得鱧魚、私將還炙食之、其主檢求、文恐紿曰、將礪石還、非魚也、主往看、果是石、文知異、看石有鐵、鑄石爲兩刀、祝曰、魚爲刀、若斫石入者文當爲此國王、斫石即入、人情漸附之。」

東西洋考卷十二引林邑記曰。

「林邑山楊梅大如杯椀、以醞酒、號梅香酎、非貴人重客不得飲。」

（二）水經注　馬司帛洛很知道水經注、並曾利用其中卷三十六關於占波的一大部份記載、可是他對於關係此國古地誌之文、並未完全採用、僅將伯希和在交廣印度兩道考中所摘錄之文轉錄而已、要知道伯希和不過偶然研究到林邑的史地、並無完全解決這箇問題的意思、僅將水經注之文節錄而已、最要的工作固然業已完成、可是馬司帛洛既然要撰一部占波全志、就應該將卷三十六中關於占波諸城的記載完全譯釋、本卷之文頗爲重要、連同其他中國史文、其有助於吾人考訂之處很多。

我想將水經注凡有關係之文提出、我開始研究時並無成見、末了曾用不同的方法抵於一種結論、我以爲此種結論大致可以參證伯希和前此所提出的假定。

水經注卷三十六云

「郎湖、湖水承金山郎究、究水北流左會盧容壽冷二水、盧容水出西南區粟城南高山、而東逕區粟城北、又東右與壽冷水合、水出壽冷縣界、魏正始九年（二四八）林邑進侵至壽冷縣、以爲疆界、即此縣也、壽冷縣以水湊故水得其名、東逕區粟城南。」

「考古志並無區粟之名、應劭（二世紀末年人）地理風俗記曰、日南故秦象郡、漢武帝元鼎六年（前一一一）間日南郡治西捲縣、林邑記曰、城去林邑步道四百餘里、交州外域記曰、從日南郡南去到林邑國四百餘里、準徑相符、然則城固西捲縣也、地理志（前漢書卷二八下）曰、水入海有竹可爲杖王莽更之曰日南亭、林邑記曰、其城治二水之間、……」（其文見前下文接「非生人所安」語後。）

「區粟建八尺表日影度南八寸、自此影以南在日之南、故以名郡、望北辰星落在天際日在北、故開北戶以向日、此其大較也。」

「壽泠水自城南與盧容水合、東注郎究、究水所積、下潭爲湖、謂之郎湖浦口、有秦時象郡、墟域猶存、自湖南望、外通壽泠、從郎湖入四會浦、」（以下述四四六年檀和之討范陽邁之役、其文已見占波史茲略、下文接「塡戶成觀」語後。）

「自四會南入得盧容浦口、晉太康三年（二八二）省日南郡屬國都尉、以其所統盧容縣置日南郡及象林縣之故治、晉書地道記曰、郡去盧容浦口二百里、故秦象郡象林縣治也、永和五年（三四九）征西桓溫遣督護滕畯率交廣兵伐范文於舊日南之盧容縣、爲文所敗、即是處也、退次九眞、更治兵、文被創死、子佛代立、七年（三五

一、）晙與交州刺史楊平復進軍壽泠浦、入頓郎湖、討佛于日南故治、佛蟻聚連壘五十餘里、晙平破之、佛逃竄川藪、遣大帥面縛請罪軍門、遣武士陳延勞佛、與盟而還。」

「康泰扶南記曰、從林邑至日南盧容浦口可二百餘里、從口南發往扶南諸國、常從此口出也、故林邑記曰、盡紘滄之徼遠……」（其文見前）

朱吾縣浦今之封界……晉書地道記曰、朱吾縣屬日南郡、去郡二百里、……朱吾浦內通無勞湖、無勞究水通壽泠浦。」

阮謙之……「渡壽泠至溫公浦、升平三年（三五九、）溫放之征范佛於灣、分界陰陽圻、（此處疑有脫誤）入新羅灣、至焉下、一名阿賁浦、入彭龍灣、隱避風波、即林邑之海渚、元嘉二十三年（四四六、）交州刺史檀和之破區粟已、飛旍蓋海、將指典沖、於彭龍灣上鬼塔、與林邑大戰、還渡典沖、林邑入浦、令軍大進、持重故也、浦西即林邑都也、治典沖、去海岸四十里。」

一建元二年（三四四）（范文）攻日南九德九眞、百姓奔迸、千里無烟、乃還林邑、林邑西去廣州二千五百里、城西南角高山長嶺、連接天鄣、嶺北接澗、大源淮水出鄣鄉遠界、三重長洲隱山、遶西曲街迴北、其嶺南開澗、小源淮水出松根界上山、壑流隱山、遶南曲街迴東合淮流以注典沖、其城西南際山、東北瞰水、重塹流浦、周繞城下、東南塹外、因傍薄城、東西橫長、南北縱狹、北邊兩端迴折曲入、城周圍八里一百步、塼城二丈、上起塼牆一丈、開方隟孔、塼上倚板、板上層閣、閣上架屋、屋上構樓、高者六七丈、下者四五丈、飛觀鴟尾、迎風拂雲、緣山瞰水、騫翥嵬嶟、但制造壯拙、稽古夷俗、城開四門、東爲前門、當兩淮渚濱、於曲路有古碑、夷書銘讚前王胡達之德、西門當兩重塹、北迴上山、山西即淮流也、南門度兩重塹、對温公壘、升平二年（三五八）交州刺史温放之殺交阯太守杜寶別駕阮朗、遂征林邑、水陸累戰、佛保城自守、重求請服、聽之、今林邑東城南五里有温公二壘是也、北門濱淮、路斷不通、城內小城、周圍三百二十步、合堂瓦殿、南壁不開、兩頭長屋、脊出南北、南擬背曰西區、城內石山順淮面陽、開東向殿、飛檐鴟尾、青瓆丹墀、榱題角椽、多諸古法、閣殿上柱高丈餘五、牛屎爲埿、牆壁青光迴度、曲掖綺牖、紫窗椒房、嬪媵無別、宮觀路寢永巷共在殿上、臨踞東軒、逕與下語、子弟臣侍皆不得上屋、有五十餘邸、連甍接棟、檐宇如承、神祠鬼塔、小大八廟、層臺重榭、狀似佛剎、郭無市里、邑寡人居、海岸蕭條、非生民所處、而首渠以永安養國十世、豈久存哉。」

上引水經注諸文雖有脫訛、然而頗有關係、諸文要可別爲兩類、一類是關係區粟城的記載、一類是關於林邑最古都城的記載、應該將此二城位置於今之何地呢。

關於區粟城者、我以爲有將其位置在今日承天府城(Hué)附近之充分理由、至若林邑的最古都城、我以爲應在廣南省中茶蕎廢址所在去尋去、爲使我這些假定更有力量、我將古籍裏面之歷史地理天文等類記載取來參證、將來可見這些記載皆能互相證明吾說。

秦代(前二五五至二〇六)略地南方、曾在前二一四年時設置最南之象郡、註五此象郡南界應止於何處呢、沙畹(Chavannes)以爲大致與今之東京相合、註六我以爲不僅止於東京、還在東京以南很遠、因此象郡在前一一一年漢武帝時改名日南、註七六世紀初年劉昭註後漢書(卷三三)云日南郡「秦象郡、武帝更名、雒陽南萬三千四百里、」同卷九眞郡下註云、「雒陽南萬一千五百八十里、」比較兩種距離、可見九眞與日南相距有一千八百二十里、我們現在確知漢之九眞就是現之清華、由是漢之日南南去今之清華甚遠、此兩郡的距離、可以兩郡之治所爲準、也可以兩郡之境界爲準、總之、一千八百二十里要有八九百公里之遠、由是應在南方、或者應在平定省外、去尋求漢之日南同秦之象郡的南界了、至若北界、應在今日安南關所在之橫山、其首先考訂此北界的是伯希和、（校刊第四卷一九〇頁並註）他對於南界、從前未曾表示意見、惟在近來（通報一九一二年刊四五九頁註三）主張日南郡的南界應位置在沱灢(Tourane)方面、我的意見以爲尙應位置於其南、考大南一統志、註八 日南郡南界在今之大嶺、此嶺現在富安同慶和兩省之間、其入海之岬就是伐勒拉岬(Cap Varella)所以我主張將漢之日南郡位置在安南關與伐勒拉岬之間、漢日南郡的五縣皆應位置於此、伯希和（校刊第四卷一八九頁註三）曾經說過、前漢書後漢書晉書中所列舉五縣之次序各有不同、前漢書（卷二八下）云「縣五、朱吾比景盧容西捲象林、」伯希和曾以爲「郡治在朱吾、好像將他位置在郡北、以便與本部便利交通、前漢書中五縣之名既然象林在後、而象林又爲最南之一縣、好像此五縣列舉之次序是從北至南的、可是此說純是一種假定、」我以爲如果有人證明朱吾不是漢代日南郡治、這種假定將喪失其一部份力量、案日南郡治朱吾之說、曾兩見舊唐書（卷四一）伯希和之說必本於此、舊唐書雖有此說、然而我以爲不能將二世紀末年應劭之說撇開、前此所引水經注應劭地理風俗記曰、「日南故秦象郡、漢武帝元鼎六年（前一一一）開日南郡治西捲縣、」而且後漢書（卷三三）列舉之五縣、首列者即是西卷、此外前引之水經注同前漢書（卷二八下）並註云、西捲莽曰日南亭、」考前漢書（卷九九中、）紀元十五年時、王莽改郡爲亭、復次不應忘者、二八二年時晉之郡治在盧容、而晉書地道記曰、「朱吾縣屬日南郡、去郡二百里、」（見前引水經注卷三六）洵如伯希和之說、日南郡治在盧容北方之朱吾、好像在晉時受占人侵略而南境沒陷之時、反將郡治南遷、其理洵不可解、所以我以爲漢之日南郡治不在朱吾、而在西捲。

註五　參照沙畹史記譯本第二冊一六八頁「三十三年（前二一四）發諸嘗逋亡人贅壻賈人、略取陸梁地爲桂林象郡南海、以適遣戍」（鈞案原文見史記卷六。）

註六　參照史記譯本第二册一六八頁、又校刊第三卷一二三四頁註二。

註七　見前漢書卷二八下、後漢書卷三三。

註八　見大南一統志卷一同卷十三、我不知其何所本、我以爲此說不錯、所以將他採用。

至若五縣的方位、祇有最南兩縣可能確實考訂、這就是象林同西捲、至若朱吾比景盧容三縣、尙未能確定其方位、我以爲根據水經注卷三六所載范文行程之所經、好像他們的次序適與前漢書所列舉的相反、應作盧容比景朱吾。註九

註九　還有幾段記載可以採用、如晉書地道記說朱吾距西捲二百里、盧容距西捲三百里之類。

無論如何、漢日南郡之方位、北至安南關、南抵伐勒拉岬、郡治在西捲、共領五縣、此五縣自南迄北的次序、似是象林西捲朱吾比景盧容、（後三縣的次序雖有前說、然而或者可以倒置。）

紀元初年首先侵犯日南而在後來漸漸自南而北侵併全郡自成一國之占波人、原處地就在日南郡南、今日衙莊與藩籠兩地之間。

伯希和首先研究中國史文於前、馬司帛洛繼續研究於後、林邑建國的史績因以闡

明此種史文說初有「象林徼外蠻夷」後說二世紀最後十年中有一國家之建立，馬司帛洛云、（本書六八頁）「區憐所建之國名固然未見著錄、可是一切史文皆說林邑王是他的後人、則他所建之國必是林邑、質言之古之占波、必無疑義、」其實還有更明確的史文而足證實此一說的、比方水經注（卷四一）云、「象林縣人區連殺縣令自稱林邑王、」就是一例、這箇林邑名稱原來必不是一城名、應是由象郡轉爲象林、又由象林轉爲林邑的、區連既在象林殺縣令而自王、漢人遂以林邑都城之名爲古占波全國之稱、林邑一名之起源我以爲如此。

由是觀之、古占波人在三世紀初年業已確實佔領林邑、質言之、確實佔領古之象林了、這箇第一都城、吾人行將考訂其所在、到了同一世紀之中葉、林邑人曾北侵廣其疆界、二四八年時、曾進侵至壽冷以爲疆界、（見前引水經注卷三六之文）此前所未聞之壽冷縣、乃三國吳時（二二二至二八〇）置於西捲縣境、後至晉時（二六五至三一七）始在二八九年分西捲爲壽冷縣、（宋書卷三八）則壽冷應距日南郡治西捲不遠、如此看來古占波人在三世紀時已將此郡最南兩縣佔領、佔領以後、自然要尋求一箇可能保持佔領的根據地、所以前引林邑記（水經注卷三六）云、「林邑兵器戰具悉在區粟」、此區粟城距林邑有四百里、前引水經注之文又云、壽泠水流經區粟城南、由是我們可以將區粟位置在壽泠界內、顧壽泠即在西捲縣境、則區粟應距西捲不遠。又一方面水經注說二四八年林邑進侵壽泠以爲疆界、而在此次進侵以前、尚未見有區粟之名、首先著錄此名者、就是水經注（五二七年撰）據水經注說、「古志並無區粟之名、」又說、「然則城固西捲縣也、」此說在地理與歷史方面皆可承認、由是可見區粟與西捲乃是一地之異稱、至若其異稱之理、我以爲區粟在漢語方面無義可訓、應是一種譯名、其尤可注意者、這箇區字在徼外蠻夷區憐名稱中一見、又在最初林邑王區連名中一見、復在占人居宅一部份之「西區」名稱中又一見、設若區粟是一箇占語名稱、當然用以替代他所攻取的西捲城名、由是應該在占波人於三世紀時所侵地之北境要塞中尋求西捲、然則西捲應該位置於何處呢。

茲將關於西捲區粟之記載摘要錄述於下。

漢之日南郡北境應不逾安南關、南境應不逾伐勒拉岬、以西捲爲郡治、此處治所爲自北至南之第四要城、可見其距離郡之北界尙遠、我們又知道此城距林邑四百餘里、質言之、距第五城象林有四百餘里、至若象林以北之四城、盧容比景朱吾西捲、各相去有若干里、則史無明文、可是要將我對於日南郡古地理的假定主張到底、我以爲紀元初時日南郡的諸大城市距離之遠、與今日安南關同伐勒拉岬中間之諸大城市遠距情形似同、此說勢須加以說明、我在此處並不涉及考訂問題、我並不想說因爲洞海或廣治是安南關以南的兩箇要城、便說是古之盧容或比景、不過是在安南關以南既然有三箇古城必須位置、我以爲應位置在安南關至廣治一帶、詳細研究水經注的記載、我以爲可以在此點上得有明白的成績、據我的主張、第四城西捲不得在廣治以北、這是第一箇要點、西捲既距第五城有四百里、而此第五城又不得在郡南邊界之上、由是我們可以南方之極點位置在廣乂一帶、則應在廣治同廣乂之間尋求西捲區粟、我們如果沒有水經注的記載作根據、所得的結論祇能有這一點。

幸而水經注將西捲的地形記下來了、據說西捲在二四八年爲占人所侵取、大約在一世紀以後、便將他組織爲藏聚兵器戰具的區粟城、此城在兩水之間近在其中一水名曰盧容水者之南、此水出西南、往東北流、復東流與別一水名壽泠水者合而爲一、壽泠水出區粟之南、東北流與壽泠水會、區粟城三面有山、此二水合流後、（余將名之曰盧容江）東行出郎湖、與四會浦注入之水合、復經郎湖出盧容浦口而入於海、此盧容浦口在四會浦口之南、又一方面別有朱吾水、北來注入無勞湖、而此無勞湖又通盧容浦、其地理的大勢如此。

現在祗要尋究適應這種記載的地方了、取一地圖略微審查一下、就可見在廣治同廣乂之間、而且在安南關同伐勒拉岬之間、祗有承天府境(Hué)與此完全相合、盧容水就是承天府河、郎湖就是名曰 Câu-hai 的大海湖之東湖、四會浦就是順安(Thuân-an)海口、盧容浦就是 Câu-hai 湖在 Chu-may 西岬北邊入海的海口、註十無勞湖就是大海湖之西湖、朱吾水就是從此湖注入廣治河之水道、可見此處的地勢大致與水經注所誌相符、再就此城附近的形勢說、城處盧容壽泠二水之間、此

盧容水當然就是承天府水之主流、至若壽冷水、或者就是古之羅綺水、後在一八三六年所開的 Phu-cam 渠、註十一

註十 根據水經注的記載、承天府河（盧容江）不從順安海口（四會浦口）入海、僅合浦水經東渚（郎湖）而至盧容浦口入海、觀此浦口之名可以證之。

註十一 祗有此一點不能完全與水經注相合、然而這種假定仍然可以主張、可參考大南一統志卷二。

由是觀之、古之區粟近在承天府河之南、就在今日 Ban bô 地方、嗣德陵通道所橫斷的廢址之中、以此廢址與水經注的一定記載對照、若合符節、其周圍有山、盧容水（承天府河）經城北東流、與壽冷水（昔羅綺水今 Phu-cam 渠）會、區粟廢址即在承天河南、（月瓢 Nauyêt-biêu）至渠水匯流之間、此廢址業經 Parmentier 在他所撰的安南占種古跡調查表中說明、我在此處無庸贅述、註十二 我僅提出此處廢址就是林邑的區粟同漢代的西捲之考訂而已。

註十二 欲使此種說明更加完備、尙須附帶一言、越史通鑑綱目（卷三）曾考訂此處廢址就是占城都城佛誓（Vijaya）伯希和業曾反對此種考訂、（校刊第四卷二〇三頁以後）我的意見固然同

他們相同、可是我的假定並不因此薄弱、因為將十一世紀初年占城都城佛誓位置在承天府境以內、與此說並無抵觸的地方、或者這箇佛誓城就是建設於三世紀的區粟城故址之上者、

還有一種意外相符之點、而足以補充我的第一假定、並可使我提出對於林邑古都之第二假定者、水經注說區粟去林邑四百餘里、約合二百公里、則將我們領到現在的廣南城了。

前引水經注之文有云、浦西即林邑都也、治典沖、註十三 去海岸四十里、註十四 ……去廣州二千五百里、……小源淮水……逶南曲街迴東合淮流以注典沖、其城西南際山、東北瞰水、重塹流浦、周繞城下、東南塹外因傍薄城、東西橫長、南北縱狹、北邊兩端迴折曲入、折周圍八里一百步、塼城二丈、上起塼牆一丈、……城開四門、東為前門、當兩淮渚濱、於曲路有古碑、夷書銘讚前王胡達之德、西門當兩重塹、北迴上山、山西即淮流也、南門度兩重塹、對溫公壘、……北門濱淮、路斷不通、城內小城周圍三百二十步、……」

註十三　典沖一名未詳所本、好像就是林邑古都之別稱。

註十四　伯希和（校刊第四卷一九三至一九四頁）曾引梁書（卷五四）一段、據說城去海百二十里、去日南界四百里、若是指的是我們所說的林邑古都、此文就難解釋、然而毫無證明此文所言之城就是林邑都城之點。

根據上文所述、林邑國最古都城大致在廣南之南、去海約二十公里的一水之上，此水是兩條水道匯合而成的、則應在廣南水系之上尋求此典沖城、其水應是占不勞（Culao Cham）島對面入海之 Sông Ba-rên 水或 Sông Thu-bôn 水、若在去海二十公里的交切線上去尋典沖城、在後一水上毫無可以注意的遺跡、在前一水上則有一箇世人所熟識的古跡、這就是茶蕎的古跡、按照水經注的記載林邑的古都或者在此、可是按照 Parmentier 所撰的安南占種古籍調查表（第二冊三七五頁註一）之考證、此種或然性竟成事實、表中引有伯希和所撰的交廣印度兩道考中之一段、並云、『他說現在廣南尚未尋出一箇適應水經注的記載之要城、這句話錯了、其實距美山十五公里、距洞陽二十公里之茶蕎地方、有座塼城、奇合水經注的記載、水經注說、『城周圍八里一百步、塼城二丈、上起塼牆一丈、』現在所存的城牆無幾、不能確定他的周圍、可是他一面靠水、一面陂陀起伏、每面不難寬有一公里、至若城牆是用塼造、其塼之多、致使人可以在附近用其餘塼建造一箇大教堂同一箇傳道會、水經注又說、『城開四門、東爲前門當兩淮渚濱、』現在茶蕎的東邊就是出入很利便的所在、其東北有種種河流、水經注又云、『於曲路有古碑夷書銘讚前王胡達之德、』顧在其西四公里略微偏北之河岸有一 Hon Cuc 大碑此處七世紀以前的古刻甚稀、殆因巖上刻字的習慣、同字體之大、所以能夠保存、方位雖然不對、我想祇有此種摩崖可以使外人注意、五世紀初年的范胡達、頗有爲建此 Hon Cuc 碑刻的 Bhadravarman 之可能、馬司帛洛曾在他的占婆國考中作此考訂、水經注又云『西門當兩重塹、北迴上山、』此處有一直線小支流、與河流並行、好像就是此塹之遺跡、其西南則倚一小丘、水經注又云、『南門度兩重塹、對溫公壘、』南邊並無可以注意之點、可是有一小丘、占波人在此方面防守當然愈嚴、水經注又云、『北門濱淮、路斷不通、』此處是河流主流經過之所、可是後來河流遷徙、改道昔日距城較遠之一支流、就算此支流甚小、亦足使路斷不通、水經注又云、『城內小城周圍三百二十步、」茶蕎城中有一小丘、或者不是天然的、其平台每方不過五十公尺、則亦距八十步不遠、水經注又云、「小大八廟、」茶蕎城中有不少古代雕刻、昔在丘上曾建有廟堂一所、今日保存之最古占種塼造古物、不逾七世紀、好像從前營建之物是以木爲之、因外侵而被毁、亦理中必有之事、由是觀之、謂其爲林邑古都並無不可能、反有不少或能性。」

由是觀之、前此所提出之區粟在承天府西南、同林邑古都在蕎茶兩種假定、可以互相證明、迄今尚未見有何種反證、此類考訂當然連帶有些結果、這些結果我未能在此處說明、我僅僅在此文中節錄我的尋究成績而已、但是有一天有人編纂安南史地之時、若將此種結論比較、並將散見水經注及其他著作之一切細節（各處之距離行程等等）詳細審查、必定興趣不小、不過要作此種研究、必須將水經注第三十卷之文連同其註釋詳加鑑別、其結果時常可以闡明其細節、比方伯希和（校刊第四卷一九八頁以後）所預料關於占不勞問題解決之成績、就是一箇榜樣。

茲置水經注不言、請言島夷志略、我們由是經過八百年而至十四世紀。

（三）島夷志略　島夷志略之撰者、吾人僅據此書序文及若干書錄、知其人名汪大淵、字煥章、南昌人、生在一三〇〇年前後、要在一三〇九年之前、他在二十歲時即遊歷海上、大約在一三二九年時附商船出發、至一三四五年則已歸國、紀所聞見、至一三四九年下半年始成此書、註十五　此書爲鈔本者已久、我們知道現在有杭州的鈔本、（四庫全書所據之天一閣本、）有南京鈔本、（丁氏善本書室本或者也是本於前一鈔本之本、）此外現有兩種刻本、一種是一八九二年龍鳳鑣之知服齋叢書本、一種是一九一二至一九一三年間附有沈曾植註釋之古學彙刊本、註十六　島夷志略所記九十九國、占城國次列第八、其文如下。

註十五　吳鑑序說他五年成書、由此序可以確知汪大淵旅行同成書的年代、此序所題年月是一三五〇年一月二十三日、又一方面 Huber 在校刊中（第九卷五八六頁）引證有本書中所載一三四九年五六月之年月、從一三四九年年終用中國算法逆數五年、則爲一三四五年、此年汪大淵必已歸國、又考本書大佛山條下云、「至順庚午冬十月有二日、因卸帆於山下、」則汪大淵在一三三〇年十一月十二日在錫蘭島一地停舟、假定他從中國至錫蘭沿路航路同停船的時間至少應有一年、由是我們確知一三三〇年時他在航行、在一三四五年時他已歸國、又據張翥序、（一三五〇年序）他開始航海之時約有二十歲、則其人出生之年必在一三〇九年以前。

註十六　島夷志略一書並見下列書錄著錄、並見四庫全書總目卷七一、讀書敏求記（小琅嬛僊館本）卷二、善本書室藏書志卷十二、天一閣書目。

「地據海衝、與新舊州爲隣、氣候乍熱、田中上等宜種穀、俗喜侵掠、歲以上下元日縱諸人採生人膽以鬻官家、官以銀售之、以膽調酒、與家人同飲、云通身是膽、使人畏之、亦不生疵癘也、城之下水多洄旋、舶往復數日止、舟載婦人登舶與舶人爲偶、及去則垂涕而別、明年舶人至、則偶合如故、或有遭難流落於其地者、則婦人推舊情以飲食衣服供其身、歸則又重贐以送之、蓋有此情意如此、仍禁服半似唐人、日三四浴、以腦麝合油塗體、以白字寫黑皮爲文書、煑海爲鹽、釀小米爲酒、地產紅柴茄藍木、打布貨用青磁花碗、金銀首飾、酒巵、布、燒珠之屬。」

島夷志略尚誌有關係占波之文三條、就是第九條之民多朗、第十條之賓童龍、第十三條之日麗。

民多朗之名、據我所知、未見他書著錄、島夷志略所誌甚泛、據云、此地是臨海要津、田沃饒米穀、男女推髻穿短皂衫下繫青布短裾、民鑿井而飮、煑海爲鹽、釀小米爲酒、有酋長、禁盜盜則戮及一家、地產烏梨木麝檀木棉花牛麂云云、此民多朗雖應位置在占波附近、然與 Pāṇḍuraṅga （賓童龍）應有區別、我以爲此地即是周去非嶺外代答之賓陀陵、嶺外代答占城條下云、「其屬有賓瞳朧國、賓陀陵國」伯希和（校刊第三卷六五〇頁）譯此文、以爲此二名疑皆是賓童龍之同名異譯、然而我以爲或者是另一國名、也就是島夷志略之民多朗、案藩籠 (Phanrang) 一地有種種不同的名稱、占文碑銘作 Panraṅ、梵文碑銘作 Pāṇḍuraṅga 編年史國王駐所名 Paṇḍaraṅ、地岬名 Padaraṅ、如是種種不同名稱、頗難說是出於一名、而 Panraṅ-Paṇḍaraṅ 雙名並稱、迄今尙未得其解、或者與中國載籍著錄兩名不無關係、詳細研究或可得到一種答解。

關於古賓童龍的記錄、伯希和曾將中國史文裒譯、（校刊第三卷六四九至六五四頁）諸文以外、尙須加入島夷志略之文、此文很有關係、好像就是星槎勝覽的記載之所本、而西洋朝貢典錄所本者又是星槎勝覽、則其重要可知、茲將島夷志略賓童龍條轉錄於下。

「賓童龍隸占城、土骨與占城相連、有雙溪以間之、佛書所稱王舍城是也、或云目連屋基猶在、田土人物風俗氣候與占城略同、人死則持孝服、設佛擇僻地以葬之、國王騎象或馬、打紅傘、從者百餘人、執盾贊唱曰亞或僕、其尸頭蠻女子害人甚於占城、故民多廟事而血祭之、蠻亦父母胎生、與女子不異、特眼中無瞳人、遇夜則飛頭食人糞、尖頭飛去、若人以紙或布掩其項則頭歸、不接而死、凡人居其地、大便後必用水淨浣、否則蠻食其糞、即逐臭與人同睡、倘有所犯則腸肚皆爲所食、精神盡爲所奪而死矣、地產茄藍木象牙、貨用銀印花布、次曰胡麻沙曼頭羅沙犢寶毗齊 註十七 新故越州諸番無所產、舶亦不至。」

註七 以上諸名祇知毗齊是占波之一地名餘皆未詳。

諸蕃志所誌占城諸屬國中、即有一國名曰日麗、此日麗或者就是島夷志略第十三條之日麗、沈曾植輯證說此日麗就是諸蕃志之日囉亭、 註十八 案此日囉亭昔爲三佛齊(Palenbang)屬國、此種考訂毫無根據。

註十八　鈞案此日囉亭就是鄙譯蘇門答剌古國考引文三十一中之 Ma Yirudingam 其地應在馬來半島南部。

島夷志略日麗條云、「介兩山之間、立一關之市、田雖平曠、春乾而夏雨、種植常違其時、故歲少稔、仰食於他國、氣候冬暖、風俗尚節義、男女推髻、白縵纏頭、繫小黃布、男喪女不嫁、煑海爲鹽、釀漿爲酒、有酋長、土產龜筒鶴頂降眞錫、貿易之貨用青磁器花布粗碗鐵塊小印花(中闕數字)之屬。」

(四)安南棄守本末(一作始末)　此書現在祇有鈔本、據我所知、祇有錢謙益(一五八二至一六六四)絳雲樓書目、同丁氏善本書室藏書志(卷七)著錄、錢氏本應毀於一六五〇年之火、丁氏本現歸南京圖書館、我曾託中國友人爲遠東法國學校鈔錄了一部、此書所輯一四〇四至一四三三年 註十九 間關於安南之史料、很可寶貴、因爲此三十年間、安南歷經大變、其初胡氏(一四〇〇至一四〇七)篡陳氏(一二二五至一四〇〇)而自立、不免與中國爭戰、明師擒胡漢倉以後、遂於一四〇七年改安南爲省縣、然是年陳氏復立、後在一四一四年爲明師所平、至一四一八年、黎利自立爲安南王、與明爭戰迄於一四二八年、始又獨立、是爲黎朝、（一四一八至一七八九）黎利後歿於一四三三年、安南棄守本末之記載止於是年。

註十九　南京鈔本同善本書室著錄之本皆作一四三五年、蓋誤以宣德八年作宣德十年、黎利之死實在一四三三年。

此書闕撰人名、觀其文體語氣、似爲身經其事之明人撰述、觀其記載、不能不令人憶及明之「實錄、」因爲其中紀年紀事詔令言詞皆類實錄。其中且見有張輔夏原吉楊士奇楊榮等諸人之名、或者此書即是鈔撮實錄而成的。

無論如何、這部一百多葉的鈔本包含有不少新的史料、其中關於占波（占城）的記載應該加以研究、比方占城王占巴的賴因胡漢倉之侵求救於明、永樂帝因以討伐安南的事蹟、即見於此書之中、則十五世紀初年明取安南、占城王之求救爲一要因。

安南棄守本末誌有占巴的賴(Jaya Siṃhavarman V)所上之表、其文如下。註二十

註二十　鈞案今未見此鈔本、下文乃從法文轉譯。

「永樂二年八月庚午朔、（一四〇四年九月五日）占城國王占巴的賴遣使該序罷尼入朝、貢犀角方物、並奉表曰、臣近表奏安南侵臣土地、殺掠人民、請降敕戒諭、乃其王不遵詔旨、本年四月（一九〇四年五月九日至六月八日間）復侵臣國界、近朝貢人回、賜物悉遭奪掠、又畀臣官服印章、俾爲臣屬、且已據臣沙離牙諸地、更侵掠未已、臣恐不能自存、乞隸版圖、遣官往治、帝怒、命禮部遣官往諭、並賜占城國使鈔幣。」

由上文可見此書誌有十五世紀時占城之若干頗有關係的情節、其關係占波之文不止上述一種、我想將此書完全譯釋。

其他諸書因爲時間之所不許、我祗能作簡單之說明。

瀛涯勝覽同星槎勝覽皆有占城專條、未經馬司帛洛引用、馬歡的瀛涯勝覽對於占城頗有些有關係的記載、尤其是關於歸仁、占城都城、風俗、氣候、官號、出產等問題應該特別注意。

明一統志的記載也有關係、因爲其中有些不見他書之文、其卷九十之占城傳有云、「秦爲象林邑縣、漢改象林、屬日南郡、漢末區連者、殺縣令自立爲林邑王、」則林邑之名在象林以前業已有之、可是未詳其所本、此外尙有若干可供研究之點、例如說環王原爲占城王諸葛地之稱、後爲全國之號、又如關係占城遷都之文、皆是可以注意之點。

還有西洋朝貢典錄、業經 W. F. Mayers) 在中國雜誌(China Raview)裏面研究過、還有越嶠書、據我所知、祇有遠東法國學校圖書館獨有一本鈔本、還有四夷考用這箇標題的撰述不少、此本是一五六四年本、以上諸書、皆有關係占城的記載、我們很希望馬司帛洛一並採錄。

所餘的尙有東西洋考、此書値得特別研究、其卷二節錄占城古史、而對於十四五世紀之占城記載頗詳、尤其在卷十以後、全錄關於中國同占城之公文函件、而皆確有所本。

以上所引諸書、將來必須譯釋、待至此時、始能說將中國載籍中關係占城之記載裒輯已盡。

馬司帛洛之書雖然有些重大缺陷、同些不可免的小小錯誤、然而總算是一種很可寶貴的全部研究、在此書以前、並無相類之撰述、自從 Aymonier 在一八九三年東方學者公會提出他的占波史以後、馬司帛洛這部占波史、可以說是有一種長足進步了。